Answer Key

Answer Key

Prélude

B. Un peu de tout

1. d	**6.** j
2. e	**7.** f
3. h	**8.** a
4. g	**9.** b
5. i	**10.** c

C. Un peu de géographie francophone

1. j	**6.** i
2. e	**7.** b
3. h	**8.** c
4. f	**9.** g
5. a	**10.** d

E. Pourquoi?

parce qu'/ à cause de/ parce que/ parce que/ à cause de / parce que

Chapitre 1

VOCABULAIRE

ENTRAINEMENT

A. Les lieux.

1. l, u	**5.** l
2. é	**6.** u
3. u	**7.** é / l
4. l	**8.** é / l / u

B. Définitions.

1. la rentrée
2. la note (la moyenne)
3. le cours magistral
4. les droits d'inscription
5. l'interrogation (l'interro, le contrôle)
6. la (les) matière(s) obligatoire(s)
7. le partiel
8. le dossier
9. la dissertation (la dissert)
10. les travaux dirigés

C. Les activités de quelques étudiants.

1. se spécialiser	**5.** triche (pompe) / échouer
2. sécher	**6.** obtenir son diplôme
3. ont réussi	**7.** suivre
4. a bossé	**8.** s'inscrivent

D. Les adjectifs, les noms et les verbes.

1. bosser	**5.** se spécialiser
2. s'inscrire	**6.** se débrouiller
3. réussir	**7.** réviser
4. tricher	**8.** échouer

STRUCTURES

I. VERB REVIEW

A. Le père n'est pas content.

t'ennuies / payons / m'ennuie / paie (paye) / s'ennuie / payer / t'ennuyer / payer / nous ennuyons

II. PRESENT INDICATIVE /

III. INFINITIVES

ENTRAINEMENT

B. Les rêves d'un nouvel étudiant.

vient / commencer / rêve / pouvoir / s'installer / sait / va / réussir / a / faire / veut / obtenir / sortir / faire / étudie / s'ennuie

C. Réussir ou pas?

doit / s'inscrivent / ont / réussissent / obtenir / choisis / suis / écoute / prends / réponds / sèche / m'inquiète

D. L'avis du nul.

s'amuse / Etre / sort / boit / rate / avoir réussi / faisons / donne / passer / vous reposer / vous inquiéter

E. Les différences.

Loïc: viens / comprendre / est / habitez / partagez / trouvons / peut / préfère / avoir / prenons / parlons
Brandon: as / dis / partageons / choisissons / voulons / vivre / essayons / rendent / rentrons / nous voyons

F. Sans les copines?

nous connaissons / nous voyons / nous téléphonons / faisons / achetons / nous habiller / m'ennuyer / m'entends

G. Après le cours.

1. Je viens de faire du jogging.
2. Mes amis viennent de rentrer de la bibliothèque.
3. Mon professeur vient de partir.
4. Mes parents viennent de me téléphoner.
5. Mon ami et moi, nous venons de faire les courses.
6. Tu viens de prendre un café.
7. Vous venez de vous inscrire pour le prochain semestre.

IV. IMPERATIVES

ENTRAINEMENT

L. Ils partent.

1. Choisissez des cours intéressants.
2. Inscrivez-vous tout de suite.
3. Ouvrez un compte en banque.
4. N'oublie pas d'assister aux cours.
5. Amuse-toi le week-end.
6. Ne vous inquiétez pas trop.
7. Envoie de l'argent régulièrement.
8. Fais des petits gâteaux pour nous.

M. A la fac.

1. —Ecrivons nos rédactions!
   —Non, buvons une bière!
2. —Faisons du jogging!
   —Non, mangeons une pizza!
3. —Travaillons!
   —Non, reposons-nous!

V. FAIRE CAUSATIF

ENTRAINEMENT

O. Qui fait travailler?

1. font écrire des rédactions
2. fait faire tous mes devoirs
3. faites bosser la veille d'un examen
4. font ranger la salle de séjour
5. font assister à tous mes cours
6. fais aller chercher tes livres à la bibliothèque
7. fait réparer son ordinateur

Chapitre 2

VOCABULAIRE

ENTRAINEMENT

A. Les antonymes.

1. teint mat
2. maigre (mince)
3. pâle (blême)
4. cheveux épais
5. éveillé (énergique)
6. dur (froid)
7. désagréable
8. paresseux
9. discret
10. décontracté

B. Définitions.

1. chauve
2. malin
3. joufflu
4. franc
5. paresseux
6. débrouillard (malin)

C. Les verbes et les adjectifs.

1. maigre
2. gros
3. débrouillard
4. teint(s)
5. pâle
6. rouspéteur
7. éveillé
8. pincé
9. frisé
10. beau (bel)

D. Les vêtements.

1. une cravate
2. un costume
3. des chaussures
4. une jupe
5. des bottes
6. un chapeau
7. une robe
8. un tee-shirt
9. un jean (un pantalon)
10. des baskets (des chaussures)

E. La tenue qui convient.

1. maillot de bain
2. short (tee-shirt), tee-shirt (short)
3. imperméable (imper)
4. piercings (tatouages) / tatouages (piercings)
5. boucles d'oreilles
6. blouson en cuir

STRUCTURES

I. VERB REVIEW

A. Toujours la même chose!

m'assieds / Asseyez-vous / décrivez / décrirez (décrivez) / décrira / s'assiéra / avons décrit / nous sommes assis / décrire / décrivait

II. DESCRIPTIVE ADJECTIVES

ENTRAINEMENT

B. Déborah et ses copains Guillaume et Amandine.

1. meilleure / nouvel / intellectuelles / différents
2. grande / blonde / coiffée / sportive / bavarde / ouverte / chaleureuse / travailleuse / inquiète
3. petit / gros / musicien / décontracté / longs / ondulés / dernière / rasée / favoris / noires / vieille / gentil / paresseux
4. intéressante / intelligente / consciencieuse / gaie / polie / patiente / franche / brune / moyenne
5. loyaux / longues / folles / merveilleuse / bleus / marron / violettes / orange / blanches / banals

C. Déborah chez elle.

famille exceptionnelle / petite vieille dame / cheveux blancs / ancienne prof / homme grand et robuste / belle voix forte / médecin brillant / première personne / femme fière / parents pauvres / chers enfants ambitieux / études supérieures / journaliste indépendante / pays étrangers

III. COMPARATIVE AND SUPERLATIVE OF ADJECTIVES

ENTRAINEMENT

F. La France et l'Algérie.

1. Les Arabes sont plus chaleureux que les Français.
2. L'école en Algérie est moins difficile que l'école en France.
3. Les Algériennes sont aussi belles que les Françaises.
4. Les jeunes Français sont moins obéissants que les jeunes Algériens.
5. La cuisine en Algérie est meilleure que la cuisine française.
6. La politique en France est moins dangereuse que la politique chez moi.

G. Ils sont extraordinaires.

1. Ma grand-mère est la plus gentille grand-mère du monde.
2. J'ai le frère le plus débrouillard.
3. Ma mère fait le meilleur couscous de la famille.

4. Mes cousines sont les filles les plus bavardes du pays.
5. Et moi, je suis le fils le plus intelligent de la famille.

IV. TOUT

ENTRAINEMENT

J. Piercings et tatouages.

toutes / tout / toute / Tous / toutes / tout / tous / tous / toute / tout

V. INTERROGATIVES

ENTRAINEMENT

L. La maman embêtante.

1. qui
2. Qu'est-ce que
3. Lequel
4. Qu'
5. lesquels (qui)
6. Qu'est-ce qui
7. qui (quoi) / qu'est-ce que
8. Auxquels (lesquels)

M. Quelles questions! (other questions might be possible, so check with your professor!)

1. Où es-tu? (Tu es où?)
2. A quel café (Auquel) [es-tu / êtes-vous]?
3. Avec qui [es-tu]?
4. Qu'est-ce que vous faites? (Que faites-vous?) (Vous faites quoi?)
5. De quoi parlez-vous? (De quoi est-ce que vous parlez?) (Vous parlez de quoi?)
6. Qu'est-ce que vous buvez? (Que buvez-vous?) (Qu'est-ce que vous avez pris?)
7. A quelle heure (Quand) est-ce que tu vas rentrer? (Tu vas rentrer quand?) (A quelle heure [Quand] vas-tu rentrer?)
8. Pourquoi n'as-tu plus envie de parler? (Pourquoi est-ce que tu n'as plus envie de parler?) (Pourquoi tu n'as plus envie de parler?)
9. Qu'est-ce que tu vas faire / tu fais ce soir? (Que vas-tu faire [fais-tu] ce soir?) (Tu vas faire quoi ce soir?) (Tu fais quoi ce soir?)

VI. IL (ELLE) EST VS. C'EST

ENTRAINEMENT

P. Les opposés.

Elle est / C'est / il est / C'est / C'est / Il est / Il est / Ce n'est pas / il est

Chapitre 3

VOCABULAIRE

ENTRAINEMENT

A. Présent ou passé?

(There are several possibilities for each of the sentences. Check with your instructor if you are not sure.)

1. Tahar est arrivé du Maroc hier (il y a plusieurs années, à cette époque-là)
2. Maria travaille à Bordeaux actuellement / maintenant.
3. Le gouvernement encourageait l'immigration à cette époque-là / il y a plusieurs années.
4. De nos jours / Maintenant / Actuellement / A notre époque, l'islam est la deuxième religion en France.
5. Il y a plusieurs années/à cette époque-là, on a changé les lois sur l'immigration.
6. A notre époque / Actuellement / Maintenant / De nos jours, le taux de chômage continue à être trop élevé.

B. Les verbes et les noms.

1. l'entretien
2. le préjugé
3. la tolérance
4. le travail (les travaux)
5. l'employé(e) (l'employeur(-euse), l'emploi)
6. la carte de séjour (le séjour)
7. l'entreprise

C. Des définitions.

1. accueillir
2. le passeport
3. mendier
4. le (la) bourgeois(e)
5. l'ethnie
6. l'immigré(e)
7. les papiers
8. le racisme
9. le sans-abri (le SDF)
10. le chômeur (la chômeuse)

D. La vie active.

stages / gagner leur vie / embaucher / contrat à durée déterminée / entreprise / licencier

E. Qu'est-ce que c'est?

1. font grève
2. une lettre de candidature (lettre de motivation)
3. bénévole
4. chômeur (chômeuse, au chômage)
5. sans-abri (SDF)
6. chantier
7. champs
8. contrat à durée déterminée
9. CV (curriculum vitæ)
10. entretien (d'embauche)

STRUCTURES

I. VERB REVIEW

A. L'accueil.

accueillir / accueillons / accueille / ont accueilli / accueille / accueillez

II. PASSÉ COMPOSÉ

ENTRAINEMENT

B. Un nouveau pays.

ma mère est venue / elle a passé / elle a fait / elle est rentrée / elle a travaillé / elle a connu / Ils se sont mariés / ils ont dû / Ils se sont installés / je suis né / nous avons vécu / je suis allé / j'ai appris / je me suis beaucoup intéressé / j'ai commencé / mes préoccupations ont changé / je suis devenu / mon père est mort / ma mère a décidé / nous y avons voyagé / j'y ai découvert / qui m'a plu / je suis resté / une clinique m'a embauché

C. La fin de la guerre.

a obtenu / ont quitté / se sont établis / a aidés / se sont intégrés / sont venus

III. IMPERFECT

ENTRAINEMENT

E. De Gaulle et l'Algérie.

avait / était / n'aimait / faisait / voulait / s'opposaient

F. La vie de Saba à Nightingale.

Tout était / J'étais / c'était / c'était / J'allais / il y avait / On parlait / Ça ne m'intéressait pas / j'aimais / c'était

IV. *PASSÉ COMPOSÉ* VS. IMPERFECT

ENTRAINEMENT

I. Le passé de mes parents.

a fini / a repris / travaillait / avait / se sont connus / étaient / se sont mariés / suis née

J. Un ouvrier immigré raconte.

J'ai dû / suis arrivé / j'étais / ne pouvais pas / n'avais pas / ne savais pas / faisait / pleuvait (a plu) / suis tombé / j'ai trouvé / sont venus

V. PLUPERFECT

ENTRAINEMENT

M. Une visite.

n'était jamais allé / avait acheté / avait étudiée / avait trouvé / s'étaient installés

N. Un nouveau poste.

1. avais travaillé
2. n'avaient pas reçu
3. avais fait
4. étais partie, avaient dit
5. n'avait pas pu

VI. PAST INFINITIVES

ENTRAINEMENT

O. Saba en France.

1. Après être arrivée chez sa mère, Saba a appris l'arabe.
2. Après être tombée malade, elle est restée au lit pendant trois semaines.
3. Après avoir aidé sa mère, ses voisins sont partis.
4. Après avoir perdu Saba, les Herschel sont retournés aux Etats-Unis.

Q. La famille de Dalila.

était (avait été) / travaillait / avait quitté / avait / était / s'occupait / partaient (étaient partis) / écrivait (avait écrit, a écrit) / expliquer / espérait / être arrivée / a dû / apprendre / parler / comprenait / parler / avoir fini / a voulu (voulait) / retourner

Chapitre 4

VOCABULAIRE

ENTRAINEMENT

A. Définitions.

1. l'essence
2. le camion

3. le monospace (le break)
4. le permis de conduire
5. la décapotable (le cabriolet)
6. le casque
7. le métro
8. le piéton
9. le 4×4 (le quatre-quatre)
10. les rollers

B. Associations.

1. h 2. d 3. f (a) 4. k 5. j 6. i 7. b 8. a 9. g
10. c (a) 11. e

C. A vélo.

casque / antivol / pistes cyclables (voies cyclables) / contravention (un pv)/ freiner / piétons (rolleurs, skateurs) / pneu crevé / dépanneuse / assurance automobile / bouchons (embouteillages)

D. Les noms et les verbes.

1. remorquer
2. accélérer
3. freiner
4. garer
5. conduire
6. déraper
7. se promener
8. dépanner

STRUCTURES

I. VERB REVIEW

A. Combien de voitures?

conduire / conduis / mets / met / conduisais / conduit / conduisent / mettons / avons mis / mettre / ont conduit / mettions

II. ARTICLES

ENTRAINEMENT

B. Claudine cherche une voiture.

d' / une / les / le / la / une / d' / d' / les / La / les / les / de l' (l') / des / la (une) / une / de / d' / une

C. La veille du départ.

de / la / de l' / les / l' / des (les) / les / d' / la / de l' / des / du (le) / de / de / les / les / de / de / des / une / des / un / des / de / les / un / une / des / des (les) / le (de) / des / de la / des

III. OBJECT PRONOUNS, Y, EN /
IV. ORDER OF PRONOUNS

ENTRAINEMENT

F. Correspondances.

1. la	**6.** en
2. lui	**7.** leur
3. en / une	**8.** y
4. y	**9.** en / trop
5. les	**10.** le

G. De quoi parle-t-il?

1. le premier vélo (mon premier vélo / ce vélo)
2. de mon VTT (de mon vélo)
3. mes vélos
4. les casques / un casque
5. les pistes (voies) cyclables
6. de pistes (voies) cyclables
7. aux automobilistes (aux conducteurs, aux chauffeurs, aux motocyclistes) / aux automobilistes (aux conducteurs, aux chauffeurs, aux motocyclistes)
8. d'accident / mon frère

H. La nouvelle voiture.

1. Je l'aime bien.
2. Je peux la conduire quand je veux.
3. Mon frère vient de l'avoir.
4. Evidemment, mon père ne les lui donne jamais.
5. Tiens! Je le vois devant la maison.
6. Maman, dis-lui de les laisser sur la table, s'il te plaît.

I. La scène continue.

1. Le père de Monique lui explique qu'il a besoin de la voiture.
2. Mais il offre gentiment de leur prêter la voiture plus tard.
3. Demande-leur si elles peuvent revenir ce soir.

J. Le lendemain...

1. n'y sont pas
2. j'y ai cherché les clés (les y ai cherchées)
3. faudrait y penser

K. Les clés perdues.

1. en as envie
2. j'en avais deux
3. en es rentrée

L. Un accident de la route.

1. Vous y êtes allé(e) avec lui.
2. Vous vouliez l'y amener (l'amener chez le vétérinaire)(l'amener chez lui).
3. Un jeune homme dans une 2CV ne s'y est pas arrêté.
4. Afin de l'éviter, vous avez freiné, mais c'était trop tard.
5. Alors, vous en êtes descendu(e), et maintenant vous ne le trouvez plus.
6. Il y est peut-être.
7. Il les aime bien.
8. Vous en avez aussi un autre.
9. Si vous la leur racontez, ils vont la reprendre.
10. Une petite voix vous dit: « Raconte-le-leur »!
11. Mais une autre petite voix vous dit: « Ne le leur raconte pas »!
12. Tiens! Voilà vos parents! (Les voilà!) Ils vont la découvrir.
13. Mais quelle bonne surprise! Ils l'ont.

V. DISJUNCTIVE PRONOUNS

ENTRAINEMENT

M. Que dire aux parents?

moi / Moi / toi / Lui / moi / lui
moi / Lui / moi / moi / lui
lui / nous (moi, toi) / Elle

DEVELOPPEMENT

N. En bref.

1. Le samedi 13 juillet, à 15h23, un chapeau vert et rose appartenant à Mme Claire Frileuse de Toulon a été écrasé par un camion. Selon **elle,** son chapeau était un peu trop grand, et le vent **l'**a emporté dans la rue. Comme un gros camion s'**y** trouvait à ce moment-là, elle n'a pas pu **le** sauver. Elle regrette beaucoup de **l'**avoir perdu.
2. Gérard Beaumais, du Tholonet, a confirmé le lundi 20 juillet sa décision de vendre sa 2CV. Il vient de découvrir qu'il ne peut plus transporter d'œufs sans **en** casser la moitié. Le dimanche 19 juillet, M. Beaumais a essayé d'apporter ses œufs au marché d'Aix, mais quand il **y** est arrivé, il n'**en** avait presque plus. Il a téléphoné au chef du bureau de notre illustre journal et **lui** a raconté cette triste histoire.
3. Vos poissons rouges ne peuvent pas supporter la chaleur; ne **les** laissez pas sous le siège!
   Les gendarmes travaillent pour vous; souriez-**leur** toujours!
   Votre chien ne sait pas conduire; expliquez-**lui** le code de la route!
   Tôt ou tard, les voitures tombent en panne; laissez-**les** au garage et prenez le train!

Chapitre 5

VOCABULAIRE

ENTRAINEMENT

A. Les noms et les verbes.

1. bronzer
2. se détendre
3. découvrir
4. s'amuser
5. se baigner
6. se cultiver
7. chasser

B. Les personnes et leurs activités.

1. fait du ski
2. fait du surf
3. font de l'alpinisme
4. va à la chasse
5. font de la randonnée
6. se baignent
7. se promène (fait une promenade)

C. Où vont-ils?

1. plage (mer)
2. montagne
3. croisière
4. maison de campagne (chalet)
5. auberges de jeunesse
6. terrain de camping
7. colonie de vacances

D. On part en vacances.

1. rafting (canoë/ bateau)
2. à la belle étoile (en plein air)
3. chalet
4. caravane
5. colonie de vacances (vacances)
6. un coup de soleil
7. station de sports d'hiver
8. fait la grasse matinée
9. de l'équitation (des promenades à cheval)

STRUCTURES

I. VERB REVIEW

A. A la mer.

prenons / mangeais / ai beaucoup souffert / ai compris / mange (je n'en ai plus mangé) / nageons / ne faisons pas de la plongée / faisaient de la plongée / ont découvert / a surpris / ne découvrent (découvraient) rien / avons appris / ont offert

II. PREPOSITIONS WITH GEOGRAPHICAL NAMES

ENTRAINEMENT

B. Personne n'est d'accord.

en / en / d' / à / du (au) / à / en / en / aux / en / au

III. FUTURE TENSE

ENTRAINEMENT

D. Je suis content(e) de mes vacances « vertes ».

Je partirai / je ferai / je coucherai / je me reposerai / Il y aura / qui m'accompagneront / nous nous raconterons / nous ne nous ennuierons jamais (nous ne nous ennuyerons jamais) / il pleuvra / mettrons / nous boirons / ce sera / qui me plaira / les soirées me permettront

E. Une vie saine à l'avenir.

travaillera / sera / pourrons / voudrons / irons / prendrons / seront / fumera / feront / mangera / verrons / aurons

IV. CONDITIONAL FORMS

ENTRAINEMENT

H. A ta place.

emporterais / devrais / lirais / achèterais / ne boirais pas / accompagneraient / choisiraient / laisseraient / donnerait / voudrais

I. Et si nous restions à la maison?

ferions / prendrions / feraient / te reposerais / pourrait / s'occuperait / nous disputerions / me détendrais / conduirais / passeraient / joueraient / seraient / aurait / gronderions / t'ennuierais (t'ennuyerais) / serais

J. Des promesses.

1. Papa a promis que nous visiterions Disneyland Paris.
2. Maman a expliqué que la famille mangerait souvent au MacDo.
3. Papa a déclaré qu'il ne se fâcherait jamais.
4. Vous nous avez dit que nous irions à la pêche.
5. Maman a répété que Papa viendrait avec nous à la piscine tous les jours.

V. FUTURE PERFECT

ENTRAINEMENT

M. Avant le voyage.

1. Nous aurons vu le Mont-Blanc et nous aurons pris la télécabine jusqu'à l'Aiguille du Midi.
2. J'aurai dîné dans des fermes et je n'aurai pas dépensé beaucoup d'argent.
3. Mes amis se seront levés à l'aube et ils auront fait de l'escalade.
4. Nous aurons pris le TGV à Genève et nous serons allés à Lausanne aussi.
5. Et enfin, nous nous serons rendus en Italie et j'aurai vu toutes les Alpes.

VI. PAST CONDITIONAL

ENTRAINEMENT

O. Des regrets.

ne me serais pas fâchée / aurait pu / ne se serait pas plainte / n'aurait pas attrapé / n'aurait pas pris / aurais été / serions allés

VII. *IF-CLAUSES*

ENTRAINEMENT

Q. C'est quel temps?

1. a	**5.** a
2. b	**6.** c
3. c	**7.** a
4. c (b)	

R. Se déplacer.

prendra / ferons / réagiriez / dépenserions / protégerait / aurait vendu / se serait habitué / aurait subventionnés

VIII. *PASSE SIMPLE* AND *PASSE ANTERIEUR*

ENTRAINEMENT

U. Trouvez les temps.

aperçut / apercevoir / a aperçu
amena / amener / a amené
montra / montrer / a montré
s'arrêta / s'arrêter / s'est arrêtée
fit / faire / a fait
fut / être / a été
remarqua / remarquer / a remarqué

eut déposé / déposer / avait déposé
s'empressa / s'empresser / s'est empressé

V. Encore des verbes.

1. est sorti	**4.** n'a pas vu
2. l'a enlevé	**5.** a attendu
3. a fermé	

Chapitre 6

VOCABULAIRE

ENTRAINEMENT

A. Quel genre de film?

1. e	**3.** a	**5.** f	**7.** b
2. g	**4.** d	**6.** h	**8.** c

B. Définitions.

1. le documentaire
2. la version originale ([en vo], sous-titré(e))
3. l'écran
4. la vedette (la star, le personnage principal)
5. les effets spéciaux
6. le film d'horreur
7. le (la) cinéphile
8. le (la) scénariste

C. La télévision.

1. télévision par internet
2. lecteur DVD
3. série
4. caméscope (numérique)
5. chaînes
6. télécommande
7. câble / télévision par satellite (télévision par câble, télévision par internet)
8. le journal (le journal télévisé, le JT, les informations, les infos)
9. publicité (pub)

STRUCTURES

I. VERB REVIEW

A. Les préférences.

préfère / préférais / projettent / projetait / préfèrent / préférerions / a projeté / préférons

II. NEGATIVE EXPRESSIONS

ENTRAINEMENT

B. Correspondances.

1. c	**3.** f	**5.** e
2. d	**4.** a	**6.** b

C. De mauvaise humeur.

1. Non, je ne veux rien faire ce soir
2. Non, je ne sors avec personne
3. je n'ai plus envie de voir ce film (je n'ai plus envie de le voir)
4. je ne finirai jamais (pas) ma dissertation (je ne la finirai jamais [pas])
5. je n'ai pas encore commencé mes recherches (je ne les ai pas encore commencées)

D. On discute avec le grand-père.

1. Je n'aime pas (du tout) la télévision.
2. Je ne la regarde jamais le soir après le dîner.
3. Aucun téléfilm n'est intéressant. (Aucun des téléfilms n'est...)
4. Ni la télé-réalité ni les jeux télévisés ne sont amusants. (Rien n'est amusant.)
5. Le lecteur DVD n'a pas encore remplacé le cinéma. (Rien n'a [encore] remplacé le cinéma.)
6. Personne ne préfère regarder les films en DVD. (Aucune des personnes que je connais ne préfère regarder les films en DVD.) (Je ne connais personne qui préfère regarder les films en DVD.)
7. Il n'y a jamais rien d'intéressant dans la publicité à la télé.
8. Je n'ai plus envie de discuter de ce sujet.

III. RELATIVE PRONOUNS

ENTRAINEMENT

G. Louis, le cinéphile.

1. lequel	**5.** dont
2. que	**6.** que
3. qui	**7.** Ce que
4. ce qui	**8.** où (dans laquelle)

H. Homer et le football.

1. Tu regardes tout le temps cette série américaine <u>qui</u> s'appelle *Les Simpson.*
2. Tu passes trop de temps à regarder ce sport, le foot, <u>que</u> je trouve ennuyeux à mourir.
3. L'équipe de France a joué un match extraordinaire <u>dont</u> on se souviendra toujours.
4. Les joueurs sont des artistes, <u>ce que</u> tu ne peux pas comprendre.
5. Mais Homer Simpson est un homme drôle <u>dont</u> j'aime beaucoup <u>la</u> conception de la vie.
6. Il passe beaucoup de temps dans son salon <u>où</u> il s'allonge sur le canapé et regarde la télé.
7. Et tu l'admires, <u>ce qui</u> est difficile à croire!
8. J'ai des goûts différents des tiens, <u>ce dont</u> il ne faut pas que tu te moques!

I. Des devoirs intéressants.

qui / qu' / qui (laquelle) / qui / ce que / dont / qui (laquelle)
Ce qui / qui / qui / ce que / laquelle

Chapitre 7

VOCABULAIRE

ENTRAINEMENT

A. Qui est-ce?

1. le prince
2. le géant (la géante)
3. la licorne
4. le nain (la naine)
5. le dragon
6. le spectre (le fantôme, le revenant [la revenante])
7. le vampire
8. la (bonne) fée (la sorcière, la magicienne)
9. la marâtre
10. le héros (l'héroïne)

B. Imaginons les personnages.

1. marâtre / nains / prince
2. géant (ogre) / ogres (géants)
3. vampires / loups-garous / spectres (fantômes, revenant[e]s)

C. Les contes: définitions.

1. le merveilleux
2. le cauchemar
3. le bien
4. le charme (le sortilège)
5. jeter un sort (ensorceler, maudire)
6. craindre
7. rompre un charme
8. bâtir des châteaux en Espagne

STRUCTURES

I. VERB REVIEW

A. Voir, c'est croire.

croyais / croyait / avons cru / croyons / croiront / crois / Croyez / croient

II. WHAT IS THE SUBJUNCTIVE? /

III. FORMATION OF THE SUBJUNCTIVE

ENTRAINEMENT

B. Une princesse exigeante.

alliez / soit / ait / puissiez / fassiez / aide / dise / nous embrassions / partiez

C. Le jeune homme lui répond.

aimiez / veuille / refusiez / soyons / allions / poursuive

D. Et après?

soyez partis / ne nous ait pas dit / ayez décidé / ayez expliqué / ait trouvé

IV. USAGE OF THE SUBJUNCTIVE

ENTRAINEMENT

G. Qu'est-ce qui suit?

1. infinitif
2. infinitif
3. subjonctif
4. subjonctif
5. infinitif
6. subjonctif
7. infinitif
8. subjonctif (indicatif)
9. indicatif
10. indicatif

H. Enfants et parents.

aiment / écouter / aient / se coucher / demandent / lire / veulent / relise / sachent / peut / s'ennuie / répéter / insistent / fasse / préfère / s'endorment / obéit

I. Cendrillon

était / vivait / voulait / fasse / a annoncé / aurait / puisse / choisir / n'était pas / ait invité (invite) / doive / est venue / aider / a donné / puisse / était / assister / ont dansé / fallait (a fallu) / parte (soit partie) / soit / ne savait pas / était / ait laissé / a cherché / s'était promis (se promettait) / retrouver / est arrivé / a essayé / allait / se sont mariés / sont allés

Chapitre 8

VOCABULAIRE

ENTRAINEMENT

A. Qui est-ce?

1. l'enfant unique
2. le beau-père
3. la famille nombreuse
4. l'aîné(e)
5. la mère célibataire
6. la copine
7. la femme au foyer
8. la famille éclatée
9. l'union libre
10. le (la) cadet(-te)

B. Des synonymes.

1. s'embrasser
2. se fâcher
3. soutenir
4. divorcer
5. gronder
6. se disputer
7. s'inquiéter

C. Etre indépendant(e).

1. loyer
2. factures
3. colocataire
4. tâches ménagères
5. faire la lessive
6. tondre, gazon
7. intimité
8. ranger
9. repasser
10. courses

STRUCTURES

I. VERB REVIEW

A. Quels changements!

me souviens / vivions (avons vécu) / soutenaient (m'ont soutenu) / vivre / j'ai obtenu / suis venu / revenir / est devenue / vit / vivrai (viendrai, reviendrai)

II. ADVERBS

ENTRAINEMENT

B. Trouvez l'adverbe.

1. récemment
2. bien
3. relativement
4. poliment
5. franchement
6. heureusement
7. premièrement
8. brièvement
9. gentiment
10. lentement

C. Trouvez l'adjectif.

1. violent
2. clair
3. malheureux
4. discret

5. moral
6. mauvais
7. typique
8. amical
9. dernier
10. constant

D. Une journée typique.

(Some variation is possible in the placement of certain adverbs. Check with your instructor if you have questions.)

Tout le monde se lève **tôt** chez nous. **D'abord,** on se met à table **ensemble** pour un bon petit déjeuner. **Ensuite,** ma grand-mère range la cuisine, ma mère s'habille **rapidement** pour aller au bureau et mon père, qui chante à l'opéra, reprend **joyeusement** ses exercices de chant. **Souvent,** mon frère offre **gentiment** d'aider ma grand-mère, tandis que moi, je pars **immédiatement** à la fac. Tout le monde travaille **dur** pendant la journée, et mon frère, ma mère et moi, nous rentrons **tard** le soir pour le dîner. **Parfois** mon père ne rentre pas avant minuit. **Heureusement,** ma grand-mère adore faire la cuisine; un délicieux dîner nous attend **tous les soirs.** Bien que mon frère et moi soyons adultes, nous sommes contents de vivre avec nos parents.

III. COMPARISON OF ADVERBS

ENTRAINEMENT

G. Ils sont comme ça.

1. Ma mère danse plus rarement que ma sœur.
2. Mes parents regardent moins souvent la télé que mes frères.
3. Je parle anglais mieux que mon père.
4. Nous nous disputons moins fréquemment maintenant qu'autrefois.
5. Mon père joue de la guitare aussi bien que moi.

H. Ils sont bizarres?

1. Dans ma famille, mon cousin conduit le plus mal.
2. Et ma tante parle le plus fort de nous tous.
3. C'est mon oncle qui tond le gazon le moins souvent.
4. Et mon grand-père s'occupe le mieux de ses petits-enfants.
5. Parmi les jeunes, je me couche le moins tard.

IV. COMPARISON OF NOUNS

ENTRAINEMENT

K. C'est vrai?

1. Est-ce que les mères ont plus de patience que les pères?
2. Est-ce que les pères dépensent moins d'argent que leurs enfants?
3. Est-ce que les enfants achètent autant de vêtements que leurs parents?
4. Est-ce que les filles passent plus de temps dans la salle de bains que leurs frères?
5. Est-ce que les femmes au foyer boivent autant de café que les femmes qui travaillent en dehors de la maison?

L. C'est admirable?

1. Ma sœur a le plus d'accidents de voiture.
2. Mon père reçoit le plus d'amendes pour excès de vitesse.
3. Ma mère fait le moins de sport.
4. Mon grand-père fume le plus de cigarettes.
5. Nous lisons le moins de livres.

V. DEMONSTRATIVE PRONOUNS

ENTRAINEMENT

N. Le dimanche.

celles / celle / celui / ceux / celles / Ceux / celle

O. La famille recomposée.

1. celle
2. ceux
3. celui
4. celle
5. celui

Chapitre 9

VOCABULAIRE
ENTRAINEMENT

A. Définitions.

1. le commerce équitable
2. le réchauffement climatique
3. trier
4. recycler
5. l'empreinte carbone
6. la biodiversité
7. l'écotourisme
8. le pétrole
9. le biocarburant
10. polluer

B. De quoi parle-t-on?

1. délocalise
2. l'asile (politique)
3. bénévoles
4. citoyens
5. l'aide humanitaire
6. produits bio
7. marché
8. réchauffement climatique
9. centrales nucléaires
10. calotte polaire

STRUCTURES

I. VERB REVIEW

A. Comment faire?

atteindre / atteindrons / atteignons (atteindrons) / avons atteint / atteindrons

III. REQUESTING INFORMATION

ENTRAINEMENT

B. Les Casques bleus.

Other questions are possible.

1. Depuis combien de temps êtes-vous dans ce pays? (Depuis combien de temps est-ce que vous êtes dans ce pays?)
2. Qui vous a envoyés ici? (Qui est-ce qui vous a envoyés ici?)
3. D'où viennent vos soldats? (De quel pays viennent vos soldats?) (De quel pays est-ce que vos soldats viennent?)
4. Combien de soldats y a-t-il en tout? (Combien de soldats est-ce qu'il y a en tout?)
5. Qu'est-ce qui pose de gros problèmes? (Quels sont les plus gros problèmes?) (Qu'est-ce qui est le plus difficile?)
6. Pourquoi ne pouvez-vous pas partir? (Pourquoi est-ce que vous ne pouvez pas partir?)
7. Quelle est la solution?
8. Comment sera cet accord?
9. Qui doit résoudre ces problèmes?

IV. HYPOTHESIZING

ENTRAINEMENT

D. Des rêves.

1. aurions
2. pourrait
3. aurions gaspillé
4. signeraient
5. nous serions mis
6. disparaîtraient
7. se serait développé
8. changerais
9. serais

V. DESCRIBING

ENTRAINEMENT

F. Le citoyen du monde.

nouveau citoyen / monde actuel / ancien pays / mère russe / père marocain / l'école française / lettres modernes / grande université publique / jeunes

étudiants américains / expérience intéressante / copine grecque / université privée prestigieuse / vraie patrie

G. Les papiers.

1. Vous avez besoin d'un visa qui est valable pendant trois ans.
2. Il vous faut aussi une carte de séjour que vous irez chercher à la préfecture.
3. Pour avoir cette carte, vous devez faire la queue, ce qui est embêtant.
4. Avez-vous tous les documents dont vous aurez besoin?
5. Les fonctionnaires à qui vous parlerez ne seront pas toujours très sympathiques.

H. L'asile.

(There are several possibilities for placement. Check with your instructor if you have questions.)

Récemment, j'ai quitté mon pays pour demander l'asile en France. **D'abord,** on me l'a refusé. **Ensuite,** on me l'a accordé, mais ça n'a pas été facile. Trouver du travail m'a préoccupé **énormément,** mais **maintenant** j'ai un patron qui a **vite** compris que j'acceptais de travailler **dur. Heureusement,** ma famille viendra **bientôt** me rejoindre.

I. La situation des immigrés.

1. Les immigrés ont plus de problèmes à trouver du travail que les Américains.
2. Ceux qui parlent anglais réussissent mieux que les autres.
3. Les Américains travaillent parfois moins dur que les nouveaux arrivants.
4. Les maisons des immigrés ne sont pas aussi grandes que celles de leurs collègues américains.
5. Ils ont autant d'ambition que les ouvriers américains.

VI. EXPRESSING OPINIONS OR REACTIONS

ENTRAINEMENT

M. Réactions.

1. le réchauffement climatique soit un mythe (qu'il soit un mythe)
2. remplacer l'énergie nucléaire (la remplacer)
3. tu prennes les transports en commun (tu les prennes)
4. vous ne recycliez pas
5. vous alliez plus souvent faire vos courses à pied (vous alliez plus souvent les faire à pied)

VIII. NARRATING

ENTRAINEMENT

O. Un séjour en Belgique.

suis / travaille / peins / veux / sais / dois / soutiennent / ont / viennent / parlons / voyageons / avons / sommes / voulons

P. Le bénévole.

est arrivé / était / avait accumulée / faisait (a fait) / a été (était) / faisait (a fait) / a aidé / a prêté / a été / a soigné (soignait) / était / était / ont dû / variait / trouvait / était / a déclaré / avait été

Q. L'avenir, deux points de vue.

aura terminé (terminera) / reviendra / pourra / se marieront / achèteront / sera / voudra / auront / nous occuperons / nous verrons / j'aurai obtenu (j'obtiendrai) / partirai / aura fait / nous retrouverons / passerons / nous établirons / soignera / chercherai

Exercises de laboratoire

Chapitre 1

PHONÉTIQUE

Exercise D-6

	Singular	Plural
1.		✓
2.	✓	✓
3.	✓	
4.		✓
5.	✓	✓
6.	✓	✓

COMPRÉHENSION

A.

1. UF
2. UA
3. AF
4. UA
5. AF
6. UA
7. AF

B.

1. Les droits d'inscription sont chers, il faut acheter des livres pour chaque cours, les étudiants doivent assister à tous les cours, on peut facilement parler aux professeurs.
2. Elle a une bourse.
3. Il est difficile d'aller en cours à huit heures du matin, d'assister à tous les cours, bosser et réviser constamment.
4. Les profs américains sont plus sympas que les profs français, les profs américains font rire les étudiants, on peut leur parler pendant les heures de permanence, ils sont plus décontractés. Les profs français sont plus formels que les profs américains.

DICTÉE

A l'université française les étudiants se spécialisent déjà en première année et ils suivent surtout des cours dans leur(s) filière(s). Dans les cours magistraux il n'y a pas de devoirs à rendre, alors les étudiants doivent être responsables. Ils passent souvent un seul examen comme contrôle, à la fin du semestre. En plus, il est difficile d'avoir de très bonnes notes.

Chapitre 2

PHONÉTIQUE

Exercise A-2

	Masculine	Feminine
1.	✓	
2.	✓	✓
3.		✓
4.	✓	
5.	✓	
6.		✓
7.	✓	
8.	✓	✓
9.		✓
10.	✓	✓
11.	✓	
12.	✓	✓

Exercise B-1

	Nasal	Oral
1.	✓	
2.		✓
3.	✓	✓
4.		✓
5.		✓
6.	✓	
7.		✓
8.		✓
9.	✓	
10.		✓

Exercise B-2

	Nasal	Oral
1.	✓	
2.	✓	
3.		✓
4.	✓	
5.	✓	
6.		✓

Exercise C-2

	Rises	Falls
1.		✓
2.	✓	
3.		✓
4.	✓	
5.	✓	
6.	✓	
7.		✓
8.		✓
9.	✓	
10.		✓

COMPRÉHENSION / DICTÉE

B.

1. J'ai des problèmes
   J'aime **deux** filles
   Je ne **sais** pas laquelle **choisir**
   La **première** est la plus **jolie**
   La **seconde** est la plus **gentille**
   Entre les deux mon **cœur** balance
   Ça balance et ça rebalance
   La plus jolie s'appelle Fanta
   La plus gentille, c'est Amina
   Entre les deux **vraiment** j'hésite
   Pourtant il faut que je me **décide**
   Mais **toujours mon cœur** balance
   Ça balance et ça rebalance
   Quand je **suis** avec la **jolie** Fanta
   Moi, je **pense** à la **gentille** Amina
   Quand Amina est **près** de moi
   Mes pensées s'envolent **vers** Fanta
   Et **toujours mon cœur** balance
   Ça balance et ça rebalance
   Un jour j'ai pris ma résolution
   Croyant avoir trouvé la **solution**
   Mais au moment de me **prononcer**
   Moi je n'ai pas pu me **décider**
   Car toujours mon cœur balance
   Ça balance et ça rebalance
   (bis)
   Dites-moi mes amis
   Dites-moi laquelle choisir
   Entre la **jolie** Fanta
   Et la **gentille** Amina
   (bis)
   (*Mon cœur balance* de Daouda)
2. a. swing
   b. between
   c. believing
   d. repeat, encore
3. *Answers will vary.*

Chapitre 3

PHONÉTIQUE

Exercise A-4

Verb	Tense / Mood
1. allez	present
entendre	infinitive
s'appelle	present
2. est	present
se passait	imperfect
était	imperfect
3. était	imperfect
a quitté	passé composé
suivre	infinitive
4. est parti	passé composé
voulait	imperfect
trouver	infinitive
5. pouvait	imperfect
s'occuper	infinitive
travailler	infinitive
6. a laissé	passé composé
avait rencontré	pluperfect
7. a passé	passé composé
avait	imperfect
s'appelait	imperfect
8. était	imperfect
quitter	infinitive
est revenue	passé composé
prendre	infinitive
9. a appris	passé composé
avait reçu	pluperfect
avait laissée	pluperfect
10. pensez	present

Exercise B-2

1. Les‿immigrés en France viennent de tous les pays.
2. A ton‿avis, ces gens sont‿ils bien‿intégrés dans la société française?
3. Souvent, beaucoup d'entre‿eux vivent ensemble dans‿un petit‿appartement.
4. Ces‿étrangers sont‿en France pour‿améliorer la vie de leurs‿enfants.
5. De temps‿en temps, ces‿immigrés rentrent chez‿eux pendant les vacances.

COMPRÉHENSION

A. 1. Il y a plus de possibilités en France.
   Justification will vary.
2. Oui. *Justification will vary.*
3. Il est difficile. *Justification will vary.*

B.

1. Elles ont quitté leur pays d'origine pour avoir une meilleure vie en France. Il y a plus de possibilités pour deux jeunes femmes.
2. Elles n'avaient pas de carte de séjour. Elles ont dû attendre leurs cartes de séjour. Cela a pris deux mois.
3. Elles ont visité la capitale (Paris) et des musées.
4. Elle a trouvé du travail dans une usine (de chaussures) où les employés français faisaient grève.
5. Elle est étudiante (en droit à la Sorbonne) et elle travaille à mi-temps comme secrétaire (dans un bureau d'avocat). Plus tard elle veut être avocate (aux Nations Unies).

DICTÉE

Je suis né au Bénin, une ancienne colonie française. Mon père avait travaillé dans un hôpital français et il m'a encouragé à étudier la médecine en France. Après avoir terminé mes études au lycée dans mon pays, j'ai reçu une bourse et je suis parti pour la France. Les cours à la faculté étaient difficiles mais j'ai bien réussi. On m'a si bien accueilli que j'ai décidé de m'installer en Bretagne.

Chapitre 4

PHONÉTIQUE

Exercise A-2

1. Il y a des casques / dans le placard.
2. Il me faut de l'argent / pour acheter un VTT.
3. Il y a une station Vélib' / dans la prochaine rue.
4. La plupart des automobilistes / respectent les droits des cyclistes.
5. Le printemps est la meilleure saison / pour faire du vélo.

Exercise B-3

1. Le directeur a <u>emmen</u>é ma soeur d<u>ans</u> <u>un</u> café et lui a fait pr<u>en</u>dre <u>un</u> cognac.
2. L'ag<u>ent</u> dem<u>an</u>de pourquoi elle s<u>ent</u> le cognac.
3. Ils lui <u>ont</u> fait une prise de s<u>ang</u>.
4. Après l'incid<u>ent</u> avec l'éléph<u>ant</u>, elle était plus prud<u>en</u>te.
5. Elle a aussi fait rep<u>ein</u>dre sa voiture <u>en</u> vert.

Exercise C-2

	1 time	2 times	3 times	4 times	5 times
1.	✓				
2.					✓
3.					✓
4.				✓	

COMPRÉHENSION

A. *Answers will vary.*

B.

1. Ils sont disponibles, réguliers, fréquents, pratiques.
2. Ils sont plus pratiques que la voiture parce qu'on ne doit pas chercher de parking, ni payer le parking, on n'a pas d'accidents, alors pas de dégâts, on n'a pas de bouchons.
3. Prendre des transports en commun aide l'environnement parce qu'on laisse la voiture (le moyen polluant) au garage.
4. On doit subventionner les prix.

DICTÉE

LE JOUR DU PERMIS

Quand j'ai démarré, j'étais très tendue. J'ai respecté la vitesse maximum et bien observé la circulation et les autres automobilistes. J'ai dû me garer, faire attention aux cyclistes, aux piétons et aux feux, et nous sommes même tombés dans un embouteillage. J'ai eu de la chance, car tous les autres candidats ont échoué!

Chapitre 5

PHONÉTIQUE

Exercise C-2

	1 time	2 times	3 times
1.	✓		
2.	✓		
3.	✓		
4.			✓
5.	✓		
6.		✓	
7.		✓	
8.		✓	
9.	✓		
10.		✓	

Exercise D-2

	Future	Conditional
1.	✓	
2.		✓
3.		✓
4.	✓	
5.		✓

COMPRÉHENSION

A. *Answers will vary.*

B.

1. F
2. V
3. F
4. V
5. V
6. F

DICTÉE

LES PREPARATIFS DU DEPART

Salut Antoine, c'est Myriam! Je pars demain matin avec Philippe pour la Martinique. Pourrais-tu t'occuper de notre appartement, surtout arroser les plantes sur le balcon et dans le séjour? Elles auront besoin d'eau parce qu'il fera chaud. Je te téléphonerai quand nous serons arrivés mais ne t'inquiète pas, je n'oublierai pas le décalage horaire: comme ça, je ne te réveillerai pas. Philippe va faire de la plongée et moi, je vais bronzer à la plage. Nous serons de retour dans quinze jours et je te rapporterai une noix de coco.

Ciao!

Chapitre 6

PHONÉTIQUE

Exercise A-2

	1 syllable	2 syllables	3 syllables	4 syllables	5 syllables
1.				✓	
2.			✓		
3.	✓				
4.				✓	
5.				✓	
6.			✓		
7.		✓			
8.				✓	
9.		✓			
10.					✓

Exercise B-5

	Unaccented	Open	Closed
1.		✓	
2.	✓		
3.			✓
4.		✓	
5.	✓		
6.			✓
7.		✓	
8.	✓		
9.		✓	
10.	✓		

COMPRÉNSION/DICTÉE

A. *Answers will vary.*

B.

Un jour elle **est arrivée** Madame
Chez nous elle **s'est installée** Madame
Elle n'm'a pas demandé mon avis
Mais d'un ton sans réplique, **elle m'a dit:**
«**Ecoute la conversation**
De Madame la Télévision»
Depuis elle est la reine Madame
L'unique souveraine Madame
D'ailleurs elle a de **l'autorité**
Personne n'ose la contrarier
C'est le silence dans la maison
Quand parle la télévision
Elle parle sur tous les sujets Madame
Elle se contredit souvent Madame
Elle aime beaucoup les tueries
Elle va **me les** faire aimer aussi…
Je la dénonce comme **un poison**
Madame la télévision
Souvent on l'entend crier Madame
On a **tous les soirs** chez nous **un drame**
Chez nous **personne n'est d'accord**
Sans quoi je **la jetterais** dehors…
Nous serons **tous** bientôt mis **en prison**

Par Madame la télévision

(Credit: *L'intruse*, **paroles et musique de Pierre**
Lachat—CD Apologie 1990, Prod. Chantre,
France—
www.pierrelachat.com)

2. a. Madame, reine, souveraine, autorité,
b. Personne ne parle. Personne n'ose la contrarier
c. Elle tue la conversation, elle aime les tueries,
personne n'ose la contrarier
d. On ne l'a pas invitée, elle n'a pas demandé l'avis
(la permission).

3. *Answers will vary.*

Chapitre 7

PHONÉTIQUE

Exercise A-2

1. 2   2. 3 3. 3

Exercise A-4

1. 3   2. 5 3. 2

Exercise A-7

1. 4   2. 4 3. 3

Exercise A-8

1. Toute la fam**ill**e du r**oi** est r**oya**le. *(j, w, w, j)*

2. Je doute qu'on p**ui**sse t**ue**r l'ogre. *(ɥ, ɥ)*

3. Il était une f**oi**s une sorc**iè**re gent**ill**e. *(w, j, j)*

4. L**ou**is cr**oi**t à la magie n**oi**re. *(w, w, w)*

5. H**i**er, les tr**oi**s chevaliers sont partis en v**oy**age. *(j, w, w)*

6. Sous la pl**uie**, il fait fr**oi**d et les feu**ill**es tombent. *(ɥ, w, j)*

7. Au pays des merve**ill**es, le sol**eil** br**ill**e et on ne
s'enn**ui**e pas! *(j, j, j, ɥ)*

8. Un fr**ui**t emp**oi**sonné l'a fait s'évan**oui**r. *(ɥ, w, w)*

Exercise B-1

		[ɥ]	[w]	[j]
1.	que j'aille			✓
2.	que nous croyions		✓	✓
3.	que vous ayez			✓
4.	que tu suives	✓		
5.	que vous finissiez			✓
6.	qu'il veuille			✓
7.	que tu puisses	✓		
8.	qu'ils boivent		✓	
9.	qu'elle reçoive		✓	
10.	que je conduise	✓		

COMPRÉHENSION

A. *Answers will vary.*

B.

1. Les enfants tombent malades et vont mourir.
2. Les parents doivent donner leur sang pour sauver
les enfants.
3. La mère refuse parce qu'elle a peur de la douleur.
Elle ne veut pas souffrir.
4. Le père accepte de donner son sang s'il peut être
le maître des enfants et parmi ses descendants les
hommes restent les maîtres.
5. *Answers will vary.*

DICTÉE

UNE DEMOISELLE CURIEUSE

Il était une fois une belle demoiselle qui ne s'intéressait qu'aux vampires. Elle lisait tous les romans et allait voir tous les films sur ce sujet. Les fantômes, les spectres, les loups-garous l'ennuyaient. Mais un jour, quand un de ses copains de lycée lui a dit qu'il était un vampire, elle n'a pas su quoi dire. Elle était amoureuse de lui, mais devait-elle le croire? Elle s'est dit « Il faut que je sache la vérité ».

Chapitre 8

PHONÉTIQUE

Exercise A-10

	[ɛ̃]	[ɑ̃]	[ɔ̃]
[ɑ̃] [ɑ̃] [ɑ̃] [ɑ̃] 1. Les **en**fa**n**ts se disputent violemm**en**t avec leurs par**en**ts.	0	4	0
[ɑ̃] [ɑ̃] [ɑ̃] [ɑ̃] [ɛ̃] [ɔ̃] [ɑ̃] 2. De t**em**ps **en** t**em**ps, J**ean** dev**ien**t mé**con**t**en**t.	1	5	1
[ɛ̃] [ɛ̃] [ɑ̃] [ɔ̃] [ɛ̃] [ɑ̃] 3. Al**ain** v**ien**t souv**en**t avec **son** cop**ain** Rol**an**d.	3	2	1
[ɛ̃] [ɔ̃] [ɑ̃] [ɔ̃] 4. Mart**in** a rais**on** de poser polim**en**t sa quest**ion**.	1	1	2
[ɑ̃] [ɔ̃] [ɛ̃] [ɛ̃] 5. Heureusem**en**t **on** a acheté du p**ain** et du v**in**.	2	1	1
[ɛ̃] [ɔ̃] [ɛ̃] [ɑ̃] [ɔ̃] [ɔ̃] 6. Luci**en** va gr**on**der V**in**c**en**t parce qu'il n'a pas t**on**du le gaz**on**.	2	1	3
[ɔ̃] [ɔ̃] [ɔ̃] [ɔ̃] 7. N**on**, **son** n**om** n'est pas Gast**on**.	0	0	4
[ɔ̃] [ɛ̃] [ɔ̃] [ɑ̃] [ɛ̃] 8. La soluti**on** est s**im**ple: **on** pr**en**d le tr**ain**.	2	1	2
[ɔ̃] [ɑ̃] [ɔ̃] [ɑ̃] 9. All**on**s, r**en**tr**on**s, il fait trop de v**en**t!	0	2	2
[ɑ̃] [ɔ̃] [ɑ̃] [ɛ̃] [ɔ̃] [ɛ̃] 10. Comm**en**t v**on**t tes par**en**ts? Les mi**en**s v**on**t bi**en**.	2	2	2

Exercise B-3

	[œ]	[ø]
œ ø 1. Ma s**œu**r m'en v**eu**t.	1	1
œ ø 2. Les enfants pl**eu**rent quand il pl**eu**t.	1	1
œ ø 3. On s'eng**ueu**le souvent dans cette famille nombr**eu**se.	1	1

4. Elle ne passe pas l'aspirat**eu**r parce qu'elle est de mauvaise hum**eu**r.   0   2

(œ above "eu" in aspirateur; œ above "eu" in humeur)

5. Les meill**eu**rs parents comprennent le mi**eu**x l**eu**rs enfants.   1   2

(œ above "eu" in meilleurs; ø above "eu" in mieux; œ above "eu" in leurs)

Exercise C-4

	[i]	[y]	[u]
1. Son **fi**ls est l'enfant **u**nique le pl**u**s sympath**i**que que je connaisse.	3	2	0
2. Ce père cél**i**bataire est s**ou**ten**u** par t**ou**s ses am**i**s.	2	1	2
3. Beauc**ou**p de gens se disp**u**tent au s**u**jet de l'**u**nion l**i**bre.	2	3	1
4. S**ou**vent les hommes doivent s'hab**i**tuer à s'occ**u**per des enfants.	1	1	1
5. **I**ls essaient t**ou**jo**u**rs de tr**ou**ver **u**ne sol**u**tion équ**i**table.	2	2	3

COMPRÉHENSION

A. *Answers will vary.*

B.

1. sur internet.
2. Marseille/ région parisienne
3. 10 / 6 / 4
4. bonnes / difficiles
5. enfants /par amour pour elle (sa nouvelle femme)

DICTÉE

On habite à quatre dans un grand appartement. La règle est simple, celui qui part doit trouver un remplaçant. C'est ma troisième expérience de colocation et j'ai toujours trouvé mes colocs par internet. Pour être honnête, la seule chose qui me pousse à faire de la colocation, c'est l'aspect financier. Je continuerai jusqu'à ce que j'aie assez d'argent pour vivre seul. Tu n'es quand même pas aussi libre en colocation; impossible, par exemple, de se balader tout nu chez soi...

Chapitre 9

PHONÉTIQUE

Exercise A-2

		s	z	Silent
1.	nation	✓		
2.	délocaliser		✓	
3.	citoyen	✓		
4.	gaspiller	✓		
5.	organisation		✓	
6.	asile		✓	
7.	pays			✓
8.	glacier	✓		
9.	cieux	✓		
10.	tiers			✓
11.	pollution	✓		
12.	solaire	✓		
13.	centrale	✓		
14.	usine		✓	
15.	bousiller		✓	

COMPRÉHENSION

A. *Answers will vary.*

B.

1. Ce sont des enfants. Leur chef est le footballeur Lizarazu. On a sans doute choisi une telle personne puisque les enfants l'admirent et le respectent. Ils veulent l'imiter.
2. On veut apprendre aux enfants de ne pas jeter des choses, de les recycler.
3. Ils trouvent des filets en plastique, des pinces à linge, des pansements.
4. Ce sont des objets que les personnes ont jetés. Ils sont d'origine humaine.

DICTÉE

Etre locavore c'est consommer exclusivement des aliments qui viennent de 200 kilomètres autour de chez soi pour réduire son empreinte carbone et encourager les petits producteurs. On peut se reconnecter avec les saisons, redécouvrir sa région, soutenir les petites fermes, et investir dans l'économie locale. Si on prépare ses propres repas d'aliments de la région, on aura aussi une alimentation saine.

Audio Script

Student Activities Manual Scripts: Activités orales

Chapitre 1

PHONÉTIQUE

A. The alphabet   CD2, track 2

Since your very first French class you have known that the French alphabet and the English alphabet have the same letters and the same sequence of letters. The pronunciation of the two alphabets is different, however, and in intermediate French you will be expected to pay attention to those differences as you become increasingly able to speak in longer and more complex sentences.

Exercise A-1

Imitate as closely as possible the pronunciation of each letter as you hear it.
A, B, C, D, E, F, G, H, I, J, K, L, M, N, O, P, Q, R, S, T, U, V, W, X, Y, Z

B. The French r, PART 1   CD2, track 3

You may have become fairly comfortable with the pronunciation of the French **r,** but most students in intermediate French need a little more practice before achieving mastery of this sound. The French **r** is sometimes problematic for native speakers of English because correct pronunciation of this sound is controlled by the back of the tongue, whereas in English, it is controlled by the tip of the tongue.

To practice the French **r,** first say *ah,* then push the back of your tongue up toward the top of your throat and try to repeat the sound. You should now be saying *rah.* There may be a slight vibration, but you should avoid making a gargling sound.

Exercise B-1

You will now hear vocabulary words from Chapter 1 that contain the letter **r.**

◆ Repeat each word after you hear it, being careful to form the sound of the **r** with the back of your tongue, not the tip.
◆ Listen to the word a second time.

1. l'université
2. le maître
3. les droits d'inscription
4. la rentrée
5. le relevé de notes
6. la rédaction
7. les travaux dirigés
8. l'interrogation
9. s'inscrire
10. suivre
11. rendre
12. réussir

Exercise B-2   CD2, track 4

Next, you will hear ten sentences taken from the **Structures** examples in Chapter 1.

◆ Circle every **r** that you hear as you listen to each sentence the first time.
◆ Repeat each sentence when you hear it a second time.

1. Je veux suivre ce cours.
2. Nous espérons nous inscrire sans problème.
3. On se prépare pour pouvoir participer.
4. Nous allons rendre nos devoirs à la fin de l'heure.
5. Est-ce que tu peux te débrouiller en français?
6. Il espère réussir à cet examen.

7. Elle est arrivée en retard à l'examen.
8. Ses parents viennent de recevoir son relevé de notes.
9. Après avoir fini ses études, elle est retournée chez ses parents.
10. Après être rentrée des vacances, elle a recommencé à travailler sur sa thèse.

C. Intonation, PART I   CD2, track 5

The pattern of rising and falling pitch levels when you speak is called *intonation.* As you know, intonation patterns in French differ from those you use when speaking English.

In a normal declarative sentence in English, some words are pronounced more loudly or with greater emphasis.

> She <u>really</u> likes her <u>French</u> teacher!

In French, every syllable is pronounced with the same degree of emphasis except the last one in the utterance. The pronunciation of this final syllable is slightly drawn out, and the voice falls a little lower.

> Elle aime beaucoup son professeur de français!

Exercise C-1

◆ Listen carefully to the intonation pattern of each sentence.
◆ Repeat each sentence, imitating the intonation pattern as accurately as possible.

1. La note est bonne.
2. Ce garçon ne travaille pas.
3. Je n'aime pas bachoter.
4. L'interro est facile.
5. Elle fait un stage.

CD2, track 6

In French, words are grouped together into semantic or grammatical units, and the voice rises slightly in the pronunciation of the final word in each group except the last. In the pronunciation of the last word of a sentence, the voice falls slightly.

> Le professeur demande aux étudiants de rendre leurs devoirs.

The number of word groups you will hear in spoken French depends on many factors, including formality of speech, rapidity of speech, and the region of France or the Francophone country the speaker is from.

Exercise C-2

Now you will hear five longer sentences.

◆ Repeat each sentence after you hear it, paying close attention to the rising and falling intonation patterns of the various word groups.

1. J'ai reçu une très bonne note à l'interrogation de philosophie.
2. Comme ce nul dort à l'école, il doit bachoter avant le contrôle.
3. Simone préfère les cours magistraux aux travaux dirigés.
4. Ma pauvre sœur est malheureuse parce qu'elle a raté son examen de maths.
5. En cours de langue, il faut apprendre par cœur toutes les conjugaisons et beaucoup de mots de vocabulaire.

CD2, track 7

In French, questions that require only a *yes* or *no* answer always end with the voice rising on the final syllable.

> Tu fais tes devoirs?

Exercise C-3

◆ Repeat the following questions as you hear them, being careful that your voice rises instead of falls on the final syllable.

1. Aimes-tu la rentrée?
2. Il a fini sa rédaction?
3. C'est un cours magistral?
4. Se débrouille-t-il bien?
5. Avez-vous réussi à l'examen?

D. Final consonants, PART I   CD2, track 8

In French, final consonants are rarely pronounced unless followed by **-e.** This rule is especially important to keep in mind when reviewing verb endings in the present tense.

-er verbs

-er verbs in the present tense are often referred to as "shoe" verbs because the identical pronunciation of four of the six forms creates a "shoe":

j'étudie
tu étudies
il étudie
ils étudient

Do not forget that the ending **-nt** of the third person plural form is never pronounced.

Exercise D-1

◆ Listen carefully to the pronunciation of each of the following pairs of verb forms.
◆ Repeat each pair after you hear it.

je paie / ils paient
tu t'ennuies / elles s'ennuient
on préfère / ils préfèrent

-ir and -re verbs   CD2, track 9
In the present tense conjugation of regular verbs whose infinitives end in **-ir** or **-re,** the consonants at the end of the singular forms are not pronounced.

Exercise D-2

◆ Repeat the following forms.

j'attends
tu attends
il attend
je finis
tu finis
on finit

CD2, track10

However, the consonant that immediately precedes the **-ent** ending of the third person plural form is always pronounced.

Exercise D-3

◆ Repeat the following forms.

ils attendent
elles finissent

Exercise D-4   CD2, track 11

◆ Listen carefully to the pronunciation of each of the following pairs of verb forms.
◆ Repeat each pair after you hear it.

   je réagis / ils réagissent
   tu rends / ils rendent
   elle choisit / elles choisissent

CD2, track 12

The pronunciation of the irregular verbs **partir, sortir, sentir,** and **dormir** in the present tense follows the same rule as for the pronunciation of regular **-ir** verbs. Do not pronounce the consonants at the end of the singular forms. *Do* pronounce the consonant that directly precedes the **-ent** ending of the third person plural.

Exercise D-5

◆ Listen carefully to the following pronoun / verb groups.
◆ Repeat each group after you hear it.

1. Je pars.   **6.** Je ressens.
2. On dort.   **7.** Elle repart.
3. Elles sentent.   **8.** Ils sortent.
4. Tu sors.   **9.** Elles dorment.
5. Ils partent.

Exercise D-6   CD2, track 13

Now you will hear six sentences that contain vocabulary and verbs from Chapter 1. Each sentence will be read twice.

◆ Listen carefully to the verb of each sentence.
◆ Indicate if this verb is singular or plural by putting a check mark (✓) in the appropriate column.

If the spoken verb can be *either* singular or plural, put a check mark in both columns.

1. Elles sortent de l'école à quatre heures.
2. Il(s) se débrouille(nt) bien en français.
3. Elle prend un café avec le professeur.
4. Elles s'endorment en classe.
5. Il(s) répète(nt) toutes les questions.
6. Elle(s) s'inquiète(nt) de la difficulté de l'examen.

COMPREHENSION

ETUDIER AUX ÉTATS-UNIS   CD2, track 14

Je passe une année dans une petite université aux États-Unis. C'est une expérience

extraordinaire, mais je trouve que le système universitaire est très différent du système français. Tout d'abord, les droits d'inscription sont plus chers et j'ai été très surprise d'apprendre qu'il fallait acheter des livres pour tous mes cours. Heureusement, j'ai une bourse qui m'a permis de m'inscrire aux cours sans trop dépenser.

La pire des choses est le fait que les profs veulent que tout le monde soit présent chaque jour, et moi, j'ai un cours qui commence à huit heures du matin! C'est dur de se lever si tôt! Aux États-Unis, si on sèche des cours ou si on n'écoute pas le prof, on échoue. En plus, il faut réviser pour les examens et bosser tous les jours. Au début, tous ces changements m'énervaient, mais après deux ou trois semaines, je me débrouille bien.

En fait, les profs américains sont plus sympas que les profs français. On peut toujours leur parler pendant les heures de permanence. Alors que les profs français sont assez formels, les profs américains aiment souvent faire rire les étudiants et ils sont plus décontractés. Aux Etats-Unis les étudiants sont assez sérieux puisqu'ils doivent passer des contrôles plusieurs fois pendant le semestre pour certains cours. Ils révisent constamment.

DICTÉE

C'EST COMME ÇA EN FRANCE!   CD2, track 15

A l'université française les étudiants se spécialisent déjà en première année et ils suivent surtout des cours dans leur(s) filière(s). Dans les cours magistraux il n'y a pas de devoirs à rendre, alors les étudiants doivent être responsables. Ils passent souvent un seul examen comme contrôle, à la fin du semestre. En plus, il est difficile d'avoir de très bonnes notes.

Chapitre 2

PHONÉTIQUE

A. Final consonants, PART 2   CD2, track 16

In Chapter 1 **Phonétique,** you worked with the pronunciation of final consonants in present tense verb forms. In this chapter, you will work with the pronunciation of final consonants of descriptive adjectives.

As you know, a new ending is added to the masculine form of many descriptive adjectives to create the feminine form. The final letter of this new ending is always **-e,** and the new ending will often change the pronunciation of the adjective.

Exercise A-1

◆ Listen carefully to the difference in pronunciation of the masculine and feminine forms of the following adjectives. Note that some of the adjectives have a more significant spelling change than just an additional **-e** at the end, and that some adjectives that add an **-e** for the feminine do not change pronunciation.

◆ Repeat each pair of adjectives, and then each sentence, after the speaker.

1. français / française
    Michel est français.
    Michèle est française.

2. gros / grosse
    Jean est gros.
    Jeanne est grosse.

3. blond / blonde
    Paul est blond.
    Paulette est blonde.

4. discret / discrète
    Simon est discret.
    Simone est discrète.

5. paresseux / paresseuse
    François est paresseux.
    Françoise est paresseuse.

6. franc / franche
    Stéphane est franc.
    Stéphanie est franche.

7. poli / polie
    Bernard est poli.
    Bernadette est polie.

8. gentil / gentille
    Jacques est gentil.
    Jacqueline est gentille.

9. rouspéteur / rouspéteuse
    Raymond est rouspéteur.
    Raymonde est rouspéteuse.

10. tendu / tendue
    Louis est tendu.
    Louise est tendue.

Exercise A-2   CD2, track 17

Now you will hear a series of descriptive adjectives.

◆ Indicate whether the adjective you hear is masculine or feminine by putting a check (✓) in the appropriate column. If the adjective you hear can be both masculine and feminine, put a check in both columns.

1. fort
2. mince
3. grosse
4. long
5. épais
6. franche

7. sportif
8. énergique
9. débrouillarde
10. raide
11. fin
12. faible

B. Nasal vowels, PART I   CD2, track 18

If a vowel is followed in the same syllable by a single **m** or **n**, it is nasalized. This means that to produce this sound, you release air through both your mouth and your nose. To produce non-nasal ("oral") vowels, you release air only through your mouth.

There are three nasal vowel sounds commonly used in French, which you hear in the descriptive adjectives **mince, grand,** and **rond.**

Exercise B-1

◆ Listen to the pronunciation of the following adjectives.
◆ Repeat each adjective after you hear it, paying close attention to whether you are releasing air through your mouth only or through both your nose and your mouth to produce the sound.
◆ Indicate whether the adjective has a nasal vowel sound by putting a check (✓) in the appropriate column.

1. long
2. joli
3. franc
4. sage
5. faible

6. fins
7. chauve
8. sale
9. teint
10. fort

Exercise B-2   CD2, track 19

Now you will hear six sentences.

◆ Identify the descriptive adjective in the sentence and repeat this adjective.
◆ Compare your word choice with the adjective repeated by the speaker.
◆ Indicate whether there are any nasal vowels in the adjective by putting a check mark (✓) in the appropriate column.
◆ Compare your answer with the one given by the speaker.
◆ Repeat the sentence after the speaker reads it a second time.

Modèle:
YOU HEAR: Pierre est un homme fort.
YOU SAY: fort
YOU HEAR: fort
YOU MARK: oral
YOU HEAR: oral
YOU HEAR: Pierre est un homme fort.
YOU REPEAT: Pierre est un homme fort.

1. Marie a les cheveux fins. // fins // nasal // Marie a les cheveux fins.
2. Le professeur est gentil. // gentil // nasal // Le professeur est gentil.
3. Cet homme est maladroit // maladroit // oral // Cet homme est maladroit.
4. Cette fille est très bronzée. // bronzée // nasal // Cette fille est très bronzée.
5. La robe est blanche. // blanche // nasal // La robe est blanche.
6. Elle est un peu folle. // folle // oral // Elle est un peu folle.

There are a few descriptive adjectives whose masculine form ends in a nasal vowel sound and whose feminine form ends in an oral vowel sound.

Exercise B-3

◆ Repeat the following pairs of adjectives after the speaker.

1. bon   bonne
2. ancien   ancienne
3. féminin   féminine
4. prochain   prochaine
5. brun   brune

C. Intonation, PART 2   CD2, track 21

In Chapter 1 **Phonétique,** you practiced the French intonation patterns for declarative sentences and for questions that require only a *yes* or *no* answer. Remember that in a declarative statement, the final pronounced syllable should have a falling intonation.

C'est un bon étudiant.

Questions that require only a *yes* or *no* answer always end with a rising intonation.

A-t-elle un tatouage?

In **Structures** Chapter 2, you are reviewing the formation of questions that cannot be answered by *yes* or *no*. These types of questions contain:

◆ interrogative adverbs: **combien, comment, où, pourquoi, quand**
◆ interrogative adjectives: a form of **quel**
◆ interrogative pronouns: **qui, qu'est-ce qui, que,** etc.

Exercise C-1

Repeat each of the following questions after the speaker, paying close attention to the fact that the intonation <u>does not rise</u> at the end. The intonation pattern in these questions is the same as in declarative sentences (the intonation falls on the final pronounced syllable).

1. Où a-t-il acheté son pantalon?
2. Pourquoi veux-tu maigrir?
3. Qui a fait ton piercing?
4. Quelle chemise vas-tu mettre?
5. Qu'est-ce que vous faites pour vous détendre?
6. Que penses-tu de mon nouveau maillot?
7. Quand vont-elles faire du lèche-vitrines?
8. Combien de tee-shirts sont sales?
9. Quelles sont tes boucles d'oreilles préférées?
10. Avec qui va-t-elle faire du jogging?

Exercise C-2   CD2, track 22

You will now hear another ten questions.

◆ Indicate whether the intonation on the final syllable rises or falls by putting a check mark (✔) in the appropriate column.

Remember: The intonation will rise at the end if the question can be answered by a simple *yes* or *no*. If the question requires a longer answer, then the intonation will fall.

1. Qui est cette fille?
2. Elle est sympathique?
3. Comment s'habille-t-elle?
4. Est-ce qu'elle a un piercing?
5. Se maquille-t-elle tous les jours?
6. Monique aime-t-elle tes dreads?
7. Depuis quand a-t-il un tatouage?
8. Quelle copine de cette fille a des tresses africaines?
9. Est-elle polie?
10. Qu'est-ce que c'est qu'une casquette?

COMPRÉHENSION/DICTÉE

CD2, track 23

J'ai des problèmes
J'aime deux filles
Je ne sais pas laquelle choisir
La première est la plus jolie
La seconde est la plus gentille
Entre les deux mon cœur balance
Ça balance et ça rebalance
La plus jolie s'appelle Fanta
La plus gentille, c'est Amina
Entre les deux vraiment j'hésite
Pourtant il faut que je me décide
Mais toujours mon cœur balance
Ça balance et ça rebalance
Quand je suis avec la jolie Fanta
Moi, je pense à la gentille Amina
Quand Amina est près de moi
Mes pensées s'envolent vers Fanta
Et toujours mon cœur balance
Ça balance et ça rebalance
Un jour j'ai pris ma résolution
Croyant avoir trouvé la solution
Mais au moment de me prononcer
Moi je n'ai pas pu me décider
Car toujours mon cœur balance
Ça balance et ça rebalance
(bis)
Dites-moi mes amis
Dites-moi laquelle choisir
Entre la jolie Fanta
Et la gentille Amina
(bis)

(*Mon cœur balance* de Daouda)

Chapitre 3

PHONÉTIQUE

A. Hearing the tenses   CD2, track 24

When listening to French, it is important to be able to identify the tenses of the verbs you hear. This is not always easy when many verb endings sound the same or almost the same. This is why you must listen to the content and pay attention to the context of the utterance, rather than simply focusing on the sound of the verb, in order to understand what the time frame is.

For example, the *infinitive* of regular -er verbs (as well as of the irregular verb **aller**) <u>sounds</u> like the **vous** *form of the present indicative*.

Exercise A-1

◆ Repeat the following verb pairs:

Infinitive	Present indicative, 2nd person plural (vous)
1. aller	allez
2. manger	mangez
3. étudier	étudiez
4. parler	parlez
5. arriver	arrivez

CD2, track 25

The *past participle* of certain verbs <u>sounds</u> like both the *infinitive* of those verbs and certain forms of the *present indicative*.

Exercise A-2

◆ Repeat each of the following verbs.

Infinitive	Present	*Passé composé*	Pluperfect
1. quitter	quittez	vous avez quitté	vous aviez quitté
2. préférer	préférez	vous avez préféré	vous aviez préféré
3. chercher	cherchez	vous avez cherché	vous aviez cherché
4. marcher	marchez	vous avez marché	vous aviez marché
5. aimer	aimez	vous avez aimé	vous aviez aimé

CD2, track 26

In the *imperfect tense*, all of the singular forms and the third person plural form <u>sound</u> to most non-native French speakers like the **vous** *form of the present indicative*.

Exercise A-3

◆ Repeat the following pairs of verbs:

Imperfect	Present indicative
1. pouvait	pouvez
2. avait	avez
3. voulaient	voulez
4. connaissais	connaissez
5. sortait	sortez
6. savais	savez

Exercise A-4   CD2, track 27

You will now hear a series of sentences about the characters in the short story *Printemps* from Chapter 3. For each sentence:

◆ write down each verb you hear;
◆ identify the form (tense or mood) for each verb (*infinitive, present indicative, imperfect, passé composé, pluperfect*);
◆ check your answers when they are given after each verb is repeated;
◆ repeat each sentence as it is read a second time.

1. Vous allez entendre l'histoire d'une jeune fille qui s'appelle Saba.
   allez // present
   entendre // infinitive
   s'appelle // present
   Vous allez entendre l'histoire d'une jeune fille qui s'appelle Saba.

2. C'est une histoire qui se passait au Maroc à l'époque où l'Afrique du Nord était toujours une colonie française.
   est // present
   se passait // imperfect
   était // imperfect
   C'est une histoire qui se passait au Maroc à l'époque où l'Afrique du Nord était toujours une colonie française.

3. La mère de Saba était très jeune quand elle a quitté sa famille pour suivre un homme de passage.
   était // imperfect
   a quitté // passé composé
   suivre // infinitive
   La mère de Saba était très jeune quand elle a quitté sa famille pour suivre un homme de passage.

4. Le père de Saba est parti en France parce qu'il voulait trouver du travail.
   est parti // passé composé
   voulait // imperfect
   trouver // infinitive
   Le père de Saba est parti en France parce qu'il voulait trouver du travail.

5. La mère de Saba ne pouvait pas s'occuper de son enfant et travailler en même temps.
   pouvait // imperfect
   s'occuper // infinitive
   travailler // infinitive
   La mère de Saba ne pouvait pas s'occuper de son enfant et travailler en même temps.

6. Elle a laissé le bébé avec un homme qu'elle avait rencontré dans la rue.
   a laissé // passé composé
   avait rencontré // pluperfect
   Elle a laissé le bébé avec un homme qu'elle avait rencontré dans la rue.

7. Saba a passé son enfance chez les Herschel où elle avait une grande chambre et un chien qui s'appelait Lassie.
   a passé // passé composé
   avait // imperfect
   s'appelait // imperfect
   Saba a passé son enfance chez les Herschel où elle avait une grande chambre et un chien qui s'appelait Lassie.

8. Elle était triste de quitter les Herschel quand sa mère est revenue la prendre.
   était // imperfect
   quitter // infinitive
   est revenue // passé composé
   prendre // infinitive
   Elle était triste de quitter les Herschel quand sa mère est revenue la prendre.

9. Saba a appris plus tard que sa mère avait reçu de l'argent quand elle l'avait laissée chez les Herschel.
   a appris // passé composé
   avait reçu // pluperfect
   avait laissée // pluperfect
   Saba a appris plus tard que sa mère avait reçu de l'argent quand elle l'avait laissée chez les Herschel.

10. Que pensez-vous de cette histoire?
    pensez // present
    Que pensez-vous de cette histoire?

B. Liaison   CD2, track 28

The term **liaison** refers to the linking of the final pronounced consonant of one word to the initial vowel of the following word <u>in spoken French</u>.

In many cases a **liaison** is optional, but certain ones are mandatory.

Exercise B-1

You will now hear some examples of mandatory liaisons.

◆ Repeat all of the examples you hear in French.

Mandatory liaisons occur with the initial vowel in a word that follows:

- the articles **un, des, les,** and the contracted form **aux**
    aux années
    Saba pense **aux** années passées chez les Herschel.

- the masculine singular possessive adjectives **mon, ton,** and **son**
    son enfance
    Son enfance a été très heureuse.

- the plural possessive adjectives **mes, tes, ses, nos, vos,** and **leurs**
    vos idées
    Vos idées sur cette histoire m'intéressent.

- the demonstrative adjective **ces**
    ces allusions
    Ces allusions à la colonisation sont importantes.

- the numbers **deux, trois, six, dix**
    dix ans
    Saba a passé plus de **dix** ans chez les Herschel.

- adjectives that precede nouns
    petit appartement
    La mère avait un **petit** appartement.

- subject pronouns
    elles ont
    Elles ont peu d'argent.

- third person singular and plural verbs inverted with subject pronouns
    dit-elle
    Que **dit**-elle de sa vie avec sa mère?

- double pronouns
    nous en
    L'histoire de Saba? Le professeur **nous en** a parlé.

- the verb forms **est, ont, sont, vont,** and **font**
    est allée
    La mère **est** allée en Europe chercher du travail.

- most monosyllabic adverbs, conjunctions, and prepositions
    chez eux
    Quand Saba quitte les Herschel, elle sait qu'elle ne reviendra jamais **chez** eux.

- in many fixed expressions, including **comment allez-vous, petit à petit, de plus en plus,** and **de temps en temps**
    de plus en plus
    Saba devient **de plus en plus** triste chez sa mère.

Exercise B-2 CD2, track 29

Now you will hear five sentences.

◆ Listen carefully for the **liaisons** and link the consonant and vowel together using this symbol:
◆ Repeat each sentence when you hear it a second time.

1. Les immigrés en France viennent de tous les pays.
2. A ton avis, ces gens sont-ils bien intégrés dans la société française?
3. Souvent, beaucoup d'entre eux vivent ensemble dans un petit appartement.
4. Ces étrangers sont en France pour améliorer la vie de leurs enfants.
5. De temps en temps, ces immigrés rentrent chez eux pendant les vacances.

COMPRÉHENSION

UNE JEUNE TUNISIENNE ARRIVE EN FRANCE   CD2, track 30

Il y a deux ans, ma cousine Fatima et moi avons quitté la Tunisie pour la France. Nous sommes parties pour avoir une vie meilleure à Paris où il y a plus de possibilités pour deux jeunes femmes. Cependant mon cousin Abder m'avait prévenue que la vie d'immigré en France n'est pas aussi idyllique que l'on croit. En effet, quand nous sommes arrivées au port de Marseille, nous avons dû présenter nos papiers à plusieurs reprises.

Nous avons pris le TGV, le fameux train à grande vitesse jusqu'à Paris, où Abder nous attendait. Les premiers jours nous avons rempli les formulaires pour obtenir nos cartes de séjour, mais il a fallu attendre près de deux mois pour recevoir ces documents. Cela semblait très long car nous ne pouvions pas travailler sans les avoir. Mais nous en avons profité pour visiter la capitale et tous ses musées.

Après avoir obtenu ma carte de séjour, j'ai pu trouver mon premier travail assez rapidement. J'ai été embauchée dans une usine de chaussures où il y avait trop d'employés français qui faisaient grève. Néanmoins je ne gagnais pas très bien ma vie.

Aujourd'hui je suis étudiante à la faculté de droit à la Sorbonne et je travaille à mi-temps comme secrétaire dans un bureau d'avocat. A la fin de mes études je veux devenir avocate aux Nations Unies pour aider des pays comme mon pays d'origine, la Tunisie.

DICTÉE

LE DOCTEUR KINIFFO   CD2, track 31

Je suis né au Bénin, une ancienne colonie français. Mon père avait travaillé dans un hôpital français et il m'a encouragé à étudier la médecine en France. Après avoir terminé mes études au lycée dans mon pays, j'ai reçu une bourse et je suis parti pour la France. Les cours à la faculté étaient difficiles mais j'ai bien réussi. On m'a si bien accueilli que j'ai décidé de m'installer en Bretagne.

Chapitre 4

PHONÉTIQUE

A. *Le groupe rythmique*   CD3, track 2

In Chapter 1 **Phonétique**, you learned about dividing longer sentences in French into semantic or grammatical units. These units of words are called rhythmic groups, or **groupes rythmiques**, because they give spoken French its proper rhythm. Remember that the voice rises slightly in the pronunciation of the final word in each unit except the last, and that the voice falls slightly in the pronunciation of the last word of a sentence.

A key to having good pronunciation in French is knowing how to divide the words of an utterance or a sentence into **groupes rythmiques** when speaking. The number of units in a given utterance in French can vary depending on how fast you are speaking, or how formal or informal you want your speech to be. However, in normal speech, a **groupe rythmique** will usually contain between three and eight syllables. Note that syllables in French tend to end on a vowel, whereas in English they tend to end on a consonant.

When speaking French, try to find a rhythm that divides your speech into units ending on a vowel. The final consonant of a word is usually pronounced as the first letter of the first syllable of the word that follows, as in **un éléphant.**

Exercise A-1

Now you will hear five sentences that are taken from the examples in **Structures,** Chapter 4. The slash marks in these sentences show the units, or **groupes rythmiques,** that one would normally hear in standard French pronunciation.

◆ Repeat each sentence after you hear it, paying careful attention to the syllable division, the rhythmic groups, the lengthened final syllable of each group, and the falling intonation on the last syllable of the sentence.

1. La voiture qu'elle achète / est neuve.
2. La patience est très utile / pendant les heures de pointe.
3. J'aime le bus / mais je déteste le métro.
4. Il y a un feu rouge / au prochain carrefour.
5. J'ai d'autres voisins / qui font toujours / du covoiturage.

Exercise A-2   CD3, track 3

Now you will hear another five sentences taken from the examples in **Structures,** Chapter 4.

◆ Listen carefully to the rhythm of the sentence.
◆ Mark the **groupes rythmiques** by inserting a slash mark each time you hear the voice of the speaker rise slightly.
◆ Repeat the sentence when you hear it a second time, imitating as closely as possible the syllable division and rhythm you hear.

1. Il y a des casques / dans le placard.
2. Il me faut de l'argent / pour acheter un VTT.
3. Il y a une station Vélib' / dans la prochaine rue.
4. La plupart des automobilistes / respectent les droits des cyclistes.
5. Le printemps est la meilleure saison / pour faire du vélo.

B. Nasal vowels, PART 2   CD3, track 4

In Chapter 2 **Phonétique,** you learned how to distinguish oral vowels from nasal vowels.

Exercise B-1

Now you will practice pronouncing some of the nasal vowels found in the vocabulary of Chapter 4. Remember that to produce a nasal vowel, you release air through both your nose and your mouth.

◆ Repeat the following words, being careful to imitate as closely as possible the nasal vowel sounds you hear.

1. temps
2. essence
3. dans
4. embouteillage
5. gendarme

Exercise B-2   CD3, track 5

Now you will hear five sentences. In each sentence there are words containing the nasal vowel you have just practiced. The locations of these nasal vowel sounds are indicated by an underline. You will see that this sound is found in the grouping of the vowels **a** or **e** and the consonants **m** or **n.**

◆ Repeat each sentence after you hear it.

1. Jean met des gants avant de prendre le volant.
2. Le temps passe lentement dans un embouteillage.
3. Quel accident! Il est rentré dans une ambulance!
4. Le gendarme pense que François n'est pas innocent.
5. Je prends trente litres d'essence.

Exercise B-3   CD3, track 6

Now you will hear five sentences related to the reading "La 2CV de ma sœur" du Chapitre 4.

◆ Listen carefully.
◆ Underline each nasal vowel you hear.
◆ Repeat the sentence after you hear it a second time, being careful to pronounce the nasal vowels correctly.

1. Le directeur a emmené ma sœur dans un café et lui a fait prendre un cognac.
2. L'agent demande pourquoi elle sent le cognac.
3. Ils lui ont fait une prise de sang.
4. Après l'incident avec l'éléphant, elle était plus prudente.
5. Elle a aussi fait repeindre sa voiture en vert.

C. The sound [u]   CD3, track 7

The French vowel sound [u] is written **ou, où,** or **oû.** It is similar in sound to the *o* in the English words *do* and *too.* When you use this vowel sound in spoken French, you must be careful to keep a certain amount of tension in the position of your mouth and tongue. Otherwise, the sound will change as you are producing it, and that will create a diphthong, which does not exist in French.

The sound [u] occurs in all types of words in French, including the object pronouns **nous** and **vous,** which you are studying in Chapter 4.

Exercise C-I

You will now hear the five words below. Each of these words contains the sound [u].

◆ Imitate as closely as possible the pronunciation of each one.

1. route
2. bouchon
3. rouge
4. doubler
5. tout

Exercise C-2   CD3, track 8

Now you will hear four sentences. Each sentence contains the sound [u] at least once, but in some of the sentences this sound occurs several times.

◆ After you hear each sentence, indicate the number of times you hear the sound [u].

Repeat the sentence after you hear it a second time.

1. Il ne faut pas brûler un feu rouge.
2. Il y a beaucoup de bouchons tous les jours sur la route.
3. On nous a trouvé une nouvelle roue.
4. Sur l'autoroute, ma mère double tout le monde.

COMPRÉHENSION

POURQUOI J'AIME LES TRANSPORTS EN COMMUN: (À PARIS)   CD3, track 9

Les transports en commun sont disponibles toute la journée. Ils sont réguliers (même s'ils peuvent quelquefois faire mieux dans ce domaine). Ils sont fréquents (moins de 3 minutes d'attente est une bonne fréquence). Bref: ils sont pratiques: pas besoin de chercher une place de parking (ni de la payer), on ne risque pas d'avoir d'accident de voiture, et donc pas de dégâts matériels, et surtout, on n'est pas susceptible d'avoir des bouchons. Ou en tout cas, beaucoup moins qu'en voiture.

Les transports en commun permettent à chacun d'agir pour l'environnement, et chaque jour de faire un geste pour la nature, en laissant un moyen polluant au garage. Au moins pour cette raison, je crois que l'on devrait subventionner beaucoup plus les prix des transports en commun, pour inciter encore davantage les gens de les utiliser.

DICTÉE

LE JOUR DU PERMIS   CD3, track 10

Quand j'ai démarré, j'étais très tendue. J'ai respecté la vitesse maximum et bien observé la circulation et les autres automobilistes. J'ai dû me garer, faire attention aux cyclistes, aux piétons et aux feux, et nous sommes même tombés dans un embouteillage. J'ai eu de la chance, car tous les autres candidats ont échoué!

Chapitre 5

PHONÉTIQUE

A. *L'enchaînement*   CD3, track 11

In Chapter 3 **Phonétique,** you learned about **liaison** - the linking of a final consonant (that *is normally <u>not</u> pronounced*) with the initial vowel sound of the next word, as in **petit** (pronounced "peti") and **petit hôtel** (pronounced "peti totel").

In spoken French, there are also many words in which the final consonants of the last syllable are *normally pronounced*. For example, you hear the final consonant in the words **bel, cet,** and **sac;** and you hear the final consonant in the final syllable of the words **caravane** and **détendre.**

Enchaînement is the technical name for the *linking* in spoken French of a *normally pronounced* consonant in the final syllable of one word with the initial vowel sound of the next word. For example, "sac à dos" is pronounced as if it is written "sa ka doe").

Exercise A-1

◆ Repeat the pronunciation of the single word and the groups of words that follow. Be very careful to pronounce the final consonant of the first word in the group as if it is actually the first letter of the first syllable of the word that follows. This will allow you to correctly link the consonant sound with the initial vowel sound of the second word.

1. elle / elle‿arrive
2. cet / cet‿aéroport
3. pour / pour‿un jour
4. entre / entre‿amis
5. notre / notre‿adresse
6. quatre / quatre‿activités
7. un sac / un sac‿à dos
8. j'arrive / j'arrive‿en train
9. comme / comme‿avant
10. le monde / le monde‿est grand

B. *Liaisons interdites*   CD3, track 12

In Chapter 3 **Phonétique,** you practiced making the **liaisons** that are required in correct spoken French. It is also important to know when **liaisons** should *not* be made.

Exercise B-1

You will now practice a few of the more common word combinations in which you should *not* make a **liaison.**

◆ Repeat each example in French as you hear it.

Do not make a liaison between:

- a noun and a verb
  Jean arrive
       X

- a plural noun subject and a verb
  les enfants ont fait
               X

- a pronoun and a verb (except the personal pronouns **il, elle, on, vous, nous, ils, elles**)
  quelqu'un écoute
           X

- a noun and the descriptive adjective that follows
  une maison immense
            X

- an inverted subject pronoun and the vowel that follows
  Partent-ils avec nous?
            X

- an interrogative adverb and the verb
  Quand est-il parti?
       X

  There are two exceptions to this rule: The final **t** of **comment** is pronounced with the vowel **a** that follows in the question **Comment allez-vous?**; and the final **d** is pronounced as a **t** linked with the vowel **e** that follows in the question **Quand est-ce que...?**

- the conjunction **et** with a vowel that follows
  Michèle et Olivier
          X

- a consonant and an **h aspiré**
  les héros
     X

Exercise B-2   CD3, track 13

Now you will hear ten sentences. In these sentences, the liaisons you should pronounce are indicated by (‿) and those that are not possible in spoken French are indicated by (x).

◆ Repeat each sentence after you hear it.

1. Quand est-elle partie?
        X
2. L'avion est en retard.
        X
3. Chacun est arrivé avant l'heure.
              X
4. Françoise et Alain voyagent en Allemagne.
            X
5. Quelqu'un a pris ma place dans le train.
            X
6. Voyagent-ils ensemble?
            X
7. Il y a des enfants insupportables dans cette colonie de vacances.
                X
8. Ces garçons aiment faire du ski.
          X
9. Les auberges ont très peu de chambres.
            X
10. Je cherche un restaurant ouvert le dimanche soir.
                    X

C. The French *r*, PART 2   CD3, track 14

At the beginning of *Sur le vif*, you practiced the correct pronunciation of the French **r** in vocabulary taken from Chapter 1. Now that you are studying the formation of the future and the conditional, it is a good time to review this consonant sound. Remember, correct pronunciation of the French **r** is controlled by the back of the tongue.

Exercise C-1

◆ Imitate as closely as possible the pronunciation of the following pairs of verbs, and be especially careful to produce a good French **r.**

	Future	Conditional
1.	partira	partirait
2.	amuserons	amuserions
3.	voyagerai	voyagerais
4.	prendras	prendrais
5.	ferez	feriez
6.	irons	irions
7.	viendront	viendraient
8.	mourra	mourrait
9.	serai	serais
10.	auront	auraient

Exercise C-2   CD3, track 15

Now you will hear ten verbs that are either in the future or the conditional.

◆ Listen very carefully to the pronunciation of each verb.
◆ Indicate how many times you hear the consonant **r** in each verb by checking (✔) the appropriate box. Remember that the consonant **r** can be in the stem of the verb as well as in the ending. The double consonant (**rr**) should only be counted once.
◆ Repeat each verb after you hear it a second time.

1. coucherais
2. verrions
3. devriez
4. préférera
5. pourrait
6. ouvririez
7. dormira
8. croirait
9. aura
10. décrirons

D. The pronunciation of *e* in the future and the conditional   CD3, track 16

The vowel **e** in French has several possible pronunciations when it does not have an accent, depending on its position relative to other vowels and consonants. In the future and the conditional, the vowel / consonant combination **ri** requires the pronunciation of the unaccented **e**.

The unaccented **e** that precedes the conditional verb endings of the first and second person plural forms of **-er** verbs is pronounced one way, whereas this same **e** in the future verb endings of those forms is pronounced a different way.

Exercise D-1

◆ Repeat the following pairs of verbs, paying close attention to the different pronunciation of the underlined, unaccented **e** that precedes the verb endings.

	Future	Conditional
1.	voyag<u>e</u>rons	voyag<u>e</u>rions
2.	f<u>e</u>rez	f<u>e</u>riez
3.	bronz<u>e</u>rons	bronz<u>e</u>rions
4.	s<u>e</u>rons	s<u>e</u>rions
5.	couch<u>e</u>rez	couch<u>e</u>riez

Exercise D-2   CD3, track 17

Now you will hear five sentences.

◆ Indicate by a checkmark (✓) whether the verb in each sentence is in the future or the conditional.
◆ Repeat each sentence after you hear it a second time.

1. Nous rentrerons chez nous demain.
2. Achèteriez-vous un chalet en Suisse?
3. Nous visiterions tous les monuments.
4. Vous arriverez sans problème.
5. Seriez-vous content(s) dans cet hôtel?

COMPRÉHENSION

ANTIBES JUAN-LES-PINS   CD3, track 18

Venez découvrir Antibes Juan-les-Pins, ville de la Méditerranée qui se caractérise par ses 25 kilomètres de côtes avec un large choix de sites nautiques. Tous les plaisirs de la mer sont offerts aux visiteurs de tous les niveaux: ski nautique ou parachute ascensionnel, plongée, voile — aussi bien que d'autres activités comme le basket, le squash, la randonnée, le tennis…Les enfants s'amuseront toute la journée dans le Parc Aquatique Aquasplash. Rien d'étonnant à ce qu'Antibes Juan-les-Pins soit considérée comme la ville la plus sportive de France! Antibes était la première ville fondée par les Grecs sur la côte sud de la France, et pendant longtemps c'était la seule grande ville entre Marseille et l'Italie. Visitez ses monuments, son immense théâtre, le célèbre musée Picasso, le musée d'Histoire et d'Archéologie et le musée naval et napoléonien. Et si vous êtes amateur de musique, profitez du festival de jazz le plus ancien d'Europe au mois de juillet. A 12 km de Cannes et à 20 km de Nice, Antibes Juan-les-Pins est desservi par le train et l'autocar. Compter environ sept heures de voyage par le TGV de Paris.

DICTÉE

LES PRÉPARATIFS DU DÉPART   CD3, track 19

Salut Antoine, c'est Myriam! Je pars demain matin avec Philippe pour la Martinique. Pourrais-tu t'occuper de notre appartement, surtout arroser les plantes sur le balcon et dans le séjour? Elles auront besoin d'eau parce qu'il fera chaud. Je te téléphonerai quand nous serons arrivés mais ne t'inquiète pas, je n'oublierai pas le décalage horaire: comme ça, je ne te

réveillerai pas. Philippe va faire de la plongée et moi, je vais bronzer à la plage. Nous serons de retour dans quinze jours et je te rapporterai une noix de coco.
Ciao!

Chapitre 6

PHONÉTIQUE

A. Syllables in French   CD3, track 20

As you learned in Chapter 4 **Phonétique,** syllables in French tend to end on a vowel sound. Sometimes syllables end on a consonant sound, however, especially if the consonant is **r.** One of the major keys to good pronunciation in French is to be able to group the syllables of the words you use the same way a native speaker of the language would.

Exercise A-1

Practice dividing syllables in French by imitating as closely as possible the pronunciation of each of the following words. The correct syllable divisions are shown in brackets. Repeat each word after you hear it.

1. cinéma
2. télévision
3. vedette
4. interpréter
5. programmation

Exercise A-2   CD3, track 21

Now you will hear ten additional words or groups of words from the vocabulary of Chapter 6.

◆ Listen carefully to the words or groups of words.
◆ Indicate the number of syllables you hear in each word by checking (✓) the appropriate box.
◆ Compare your answer to the one you hear.
◆ Repeat the word after you hear it a second time.

1. réalisateur // cinq // réalisateur
2. cinéphile //trois // cinéphile
3. chaîne // un // chaîne
4. film historique // quatre // film historique
5. télécommande // quatre // télécommande
6. bande-annonce // trois // bande-annonce
7. série // deux // série
8. enregistrer // quatre // enregistrer
9. feuilletons // deux // feuilletons
10. antenne satellite // cinq // antenne satellite

B. The vowel e, PART 2   CD3, track 22

In Chapter 5 **Phonétique,** you were introduced to various pronunciations of the vowel **e** in the conditional forms of certain regular and irregular verbs.

In **Structures** of this chapter, you are reviewing verb stem spelling changes in verbs like **préférer, projeter,** and **appeler,** so it is a good time to review the pronunciation of the vowel **e.**

In order to correctly pronounce these stem change verbs presented in Chapter 6, you will need to be able to identify and produce three different sounds of the vowel **e:**

◆ [ə]   the unaccented **e:** You hear this vowel sound in the words j**e** and n**e.**
◆ [ɛ]   the "open" **e:** You hear this vowel sound in the words b**e**l and j**e**tte.
◆ [e]   the "closed" **e:** You hear this vowel sound in the words caf**é** and ch**e**z.

Exercise B-1

Practice pronouncing the "open" e sound by repeating the following ten words as you hear them. The letters that contain the "open" e sound are underlined.

1. préfère
2. projetterai
3. hier
4. avec
5. répète

6. première
7. sec
8. guerre
9. antenne
10. cassette

Exercise B-2   CD3, track 23

The "open" e vowel sound also occurs in the vowel combination **ai**. Continue practicing the "open" e vowel sound by repeating each of the following words as you hear them. The letter combinations that are pronounced as an "open" e vowel sound are underlined.

1. faites
2. aime
3. jamais
4. chaîne

5. haine
6. maigre
7. laide
8. plaire

Exercise B-3   CD3, track 24

The "closed" vowel e sound is the sound you will hear in the underlined letter e of the following words. This is always the correct pronunciation of the letter e that has an accute accent, but it is also the correct pronunciation for the infinitive ending of -er verbs, as well as many one-syllable words whose final consonant is not pronounced at all. This vowel sound is called "closed" because to produce it correctly the jaws must be closer together (or more "closed") than they are for the production of the "open" e sound that you have just practiced.

◆ Repeat each word after you hear it, being careful to imitate as closely as possible the underlined sound of the "closed" e.

1. café
2. les
3. chez
4. des
5. thé

6. nez
7. regarder
8. regardé
9. préféré
10. premier

Exercise B-4   CD3, track 25

Here are some helpful hints for the correct pronunciation of the vowel e in verb stems and endings.

◆ Repeat each example that you hear in French.

1. Pronounce as an unaccented e if it has no accent and is the last *pronounced* letter of any syllable except the last one of the word.

   jeter (je / ter)
   préférera (pré / fé / re / ra)

2. Pronounce as an "open" e if it has a *grave accent* or is followed by a double consonant in the same syllable:

   lève
   préfère
   jette
   appelle

3. Pronounce as a "closed" e if it has an *acute accent,* or is part of the **-er** ending of the infinitive:

   acheté
   acheter

Exercise B-5 CD3, track 26

Now you will hear ten sentences. Each of these sentences contains a stem-change verb such as the ones you have been studying in **Structures** of Chapter 6. In each of these verbs you will see an **e** that is underlined.

◆ Listen carefully to the sentence.
◆ Indicate whether the underlined **e** is unaccented, "open," or "closed" by checking (✓) the appropriate box to the right.
◆ Compare your answer to the one you hear.
◆ Repeat the sentence when you hear it a second time, being careful to correctly pronounce the underlined **e**.

1. Quel film préfères-tu? // open // Quel film préfères-tu?
2. Achetez deux billets, s'il vous plaît. // unaccented // Achetez deux billets, s'il vous plaît.
3. On a projeté ce film la semaine dernière. // closed // On a projeté ce film la semaine dernière.
4. Comment s'appellent ces deux acteurs? // open // Comment s'appellent ces deux acteurs?
5. Nous jetterons des fleurs à cette actrice merveilleuse. // unaccented // Nous jetterons des fleurs à cette actrice merveilleuse.
6. Quand préférerez-vous aller au cinéma? // closed // Quand préférerez-vous aller au cinéma?
7. Nous appellerions cette vedette si nous avions son numéro. // open // Nous appellerions cette vedette si nous avions son numéro.
8. Pourquoi as-tu jeté la télécommande? // unaccented // Pourquoi as-tu jeté la télécommande?
9. Achèterez-vous un nouveau téléviseur? // open // Achèterez-vous un nouveau téléviseur?
10. On projettera ce film à partir de demain. // open // On projettera ce film à partir de demain.

C. The unaccented vowel *e* in certain words or word groups CD3, track 27

The unaccented vowel **e** is *not pronounced* when it is the final letter of a noun or a verb form.

Exercise C-1

◆ Listen carefully to the pronunciation of the words below selected from the vocabulary lists of Chapters 1-6.
◆ Repeat each word after you hear it. The unaccented vowel **e** that is not pronounced is crossed out.

Chapter 1:
écol¢
class¢
élèv¢
not¢
moyenn¢

Chapter 2:
minc¢
chauv¢
tach¢
costum¢
casquett¢

Chapter 3:
stag¢
bénévol¢
usin¢
chômag¢
grèv¢

Chapter 4:
march¢
casqu¢
point¢
pann¢
amend¢

Chapter 5:
auberg¢
plag¢
planch¢
chass¢
neig¢

Chapter 6:
dram¢
annonc¢
chaîn¢
sall¢
télécommand¢

CD3, track 28

The unaccented **e** is also *not always pronounced* in certain word combinations.

You will now hear eight sentences that contain words or groups of words with this *unpronounced,* unaccented vowel **e.** This manner of speaking is often referred to as "standard French pronunciation." However, native French speakers from certain regions of France and from other Francophone countries often pronounce this unaccented **e** that remains silent in "standard French." At this point in your study of French, it is important for you to *recognize* the words and expressions you hear, even if you do not hear all of the letters that make up the spelling of the words.

Exercise C-2

◆ Repeat each sentence after you hear it, being careful not to emphasize the vowel **e** that is crossed out.

1. Je lui dis de n¢ pas y aller.
2. Je dis c¢ que je pense.
3. Je n¢ sors pas parc¢ que je suis fatigué.
4. Qu'est-c¢ qu'il dit?
5. Il y a trop d¢ monde.
6. Je n¢ sais pas c¢ qui se passe.
7. Je te promets que c¢ documentaire est bon.
8. Il nous conseille de n¢ pas voir le film.

COMPRÉHENSION / DICTÉE

LA TÉLÉVISION   CD3, track 29

Un jour elle est arrivée Madame
Chez nous elle s'est installée Madame
Elle n'm'a pas demandé mon avis
Mais d'un ton sans réplique, elle m'a dit:
«Ecoute la conversation
De Madame la Télévision»
Depuis elle est la reine Madame
L'unique souveraine Madame
D'ailleurs elle a de l'autorité
Personne n'ose la contrarier
C'est le silence dans la maison
Quand parle la télévision
Elle parle sur tous les sujets Madame
Elle se contredit souvent Madame
Elle aime beaucoup les tueries
Elle va me les faire aimer aussi…
Je la dénonce comme un poison
Madame la télévision
Souvent on l'entend crier Madame
On a tous les soirs chez nous un drame
Chez nous personne n'est d'accord
Sans quoi je la jetterais dehors…
Nous serons tous bientôt mis en prison
Par Madame la télévision

(**Credit:** *L'intruse,* paroles et musique de Pierre Lachat—CD Apologie 1990, Prod. Chantre, France—www.pierrelachat.com)

© 2014 Cengage Learning. All Rights Reserved. May not be scanned, copied or duplicated, or posted to a publicly accessible website, in whole or in part.

Chapitre 7

PHONÉTIQUE

A. The semi-vowel sounds in French   CD4, track 2

A semi-vowel occurs in speech when one vowel forms a single syllable with the vowel next to it. The first semi-vowel sound you will practice is [ɥ]. English has no sound comparable to this. In French, this sound is found in words in which:

- the vowel **u** is followed in the same syllable by **i,** as in the word **nuit**
- the vowel **u** is followed in the same syllable by **y,** as in the word **ennuyer**
- the vowel **u** is followed in the same syllable by **e,** as in the word **tuer**.

Exercise A-1

- ◆ Listen carefully to the pronunciation of each of the following words.
- ◆ Repeat each word as you hear it, imitating as closely as possible the sound of the semi-vowel [ɥ]. This is the correct pronunciation of the underlined pairs of vowels.

1. lui	**6.** fruit
2. puis	**7.** ennuyer
3. suis	**8.** tuer
4. huit	**9.** depuis
5. pluie	**10.** bruit

Exercise A-2   CD4, track 3

Now you will hear three sentences.

- ◆ Listen carefully to each sentence.
- ◆ After you hear each sentence, indicate how many times the semi-vowel [ɥ] occurs.
- ◆ Repeat the sentence when you hear it a second time.

1. Aujourd'hui les enfants s'ennuient.
2. Depuis que je suis ici, je ne pense plus à lui.
3. En juin, on a eu de la pluie pendant huit jours.

CD4, track 4

The second semi-vowel sound you will practice is [w]. This same sound exists in English in words like *wow* and *wool*.

In French, this sound is most often found in words in which:

- the vowel combination **ou** is followed by another vowel, as in the name **Louis.**
- the vowel combination **oi** or **oy** occurs, as in *oiseau* and **v*oy*age.**

Exercise A-3

- ◆ Listen carefully to the pronunciation of the following words.
- ◆ Repeat each word after you hear it, imitating as closely as possible the sound of the semi-vowel [w]. This is the correct pronunciation of the underlined pairs of vowels.

1. froid	**6.** douane
2. boive	**7.** avouer
3. droit	**8.** trois
4. moyen	**9.** roi
5. ouest	**10.** loin

Exercise A-4   CD4, track 5

Now you will hear three sentences.

◆ Indicate how many times the semi-vowel [w] occurs in each sentence as it is read.
◆ Repeat the sentence when you hear it a second time.

1. Le roi a besoin de notre loyauté.
2. Il croit avoir le droit de partir en voyage ce soir.
3. Bois ce café si tu as froid.

CD4, track 6

The third semi-vowel sound you will practice is [j]. This sound is often referred to as the **yod**, and it also exists in English, as in the word *year*. The French **yod** occurs in many different vowel / consonant combinations.

Exercise A-5

Repeat each of the following examples in French as you hear them.

i + vowel	vowel + **y**	vowel + **ill**
h<u>ie</u>r	essa<u>y</u>er	ma<u>ill</u>ot
r<u>io</u>ns	essu<u>y</u>er	mervei<u>ll</u>eux
y + vowel	vowel + **il**	consonant + **ill**
<u>y</u>oga	trav<u>ail</u>	fi<u>ll</u>e
L<u>y</u>on	<u>œil</u>	fami<u>ll</u>e

Exercise A-6   CD4, track 7

◆ Listen carefully to the pronunciation of the following words.
◆ Repeat each word as you hear it, imitating as closely as possible the sound of the semi-vowel [j] in each. This is the correct pronunciation of the underlined vowel and/or consonant combinations.

1. t<u>aill</u>e
2. par<u>eil</u>
3. feu<u>ill</u>e
4. pa<u>y</u>er
5. bi<u>ll</u>et
6. sol<u>eil</u>
7. <u>aill</u>e
8. somm<u>eil</u>
9. faut<u>euil</u>
10. cr<u>io</u>ns

Exercise A-7   CD4, track 8

Now you will hear three sentences.

◆ Listen carefully to the sentence as it is read.
◆ Indicate how many times the semi-vowel [j] occurs.
◆ Repeat the sentence when you hear it a second time.

1. La gentille fille fait le meilleur travail.
2. Hier, il a essayé de me réveiller d'un sommeil profond.
3. Il faut qu'il aille payer les billets.

Exercise A-8   CD4, track 9

You will now hear the following eight sentences, which are based on the vocabulary and theme of Chapter 7.

◆ Listen carefully to the pronunciation of each sentence.
◆ Circle all the semi-vowels you hear.
◆ Compare the words in which you have circled semi-vowel sounds with the words you hear.
◆ Repeat each sentence as it is read a second time.

1. Toute la famille du roi est royale. // famille // roi // royale // Toute la famille du roi est royale.
2. Je doute qu'on puisse tuer l'ogre. // puisse // tuer // Je doute qu'on puisse tuer l'ogre.
3. Il était une fois une sorcière gentille. // fois // sorcière // gentille // Il était une fois une sorcière gentille.
4. Louis croit à la magie noire. // Louis // croit // noire // Louis croit à la magie noire.
5. Hier, les trois chevaliers sont partis en voyage. // hier // trois // voyage // Hier, les trois chevaliers sont partis en voyage.
6. Sous la pluie, il fait froid et les feuilles tombent. // pluie // froid // feuilles // Sous la pluie, il fait froid et les feuilles tombent.
7. Au pays des merveilles, le soleil brille et on ne s'ennuie pas! // merveilles // soleil //brille // s'ennuie // Au pays des merveilles, le soleil brille et on ne s'ennuie pas!
8. Un fruit empoisonné l'a fait s'évanouir. // fruit // empoisonné // s'évanouir // Un fruit empoisonné l'a fait s'évanouir.

B. The semi-vowels and the subjunctive   CD4, track 10

The semi-vowel sounds are found in the pronunciation of many forms of the subjunctive in French. When you learn to recognize the letter combinations in written French that create semi-vowel sounds, you will be able to pronounce the verb forms accurately and to identify the use of the subjunctive in speech.

Exercise B-1

Here is a list of ten verbs in the subjunctive.

◆ Identify the semi-vowel(s) that each verb contains by checking the appropriate box(es). Note that some verb forms may contain more than one semi-vowel sound.
◆ Pronounce the verb form, along with the conjunction **que** and the subject pronoun.
◆ Listen carefully as the clause is read for you.
◆ Repeat the clause.

1. que j'aille
2. que nous croyions
3. que vous ayez
4. que tu suives
5. que vous finissiez
6. qu'il veuille
7. que tu puisses
8. qu'ils boivent
9. qu'elle reçoive
10. que je conduise

COMPRÉHENSION

UN CONTE DE MADAGASCAR   CD4, track 11

C'était tout au commencement du monde. Il n'y avait qu'une seule femme et qu'un seul homme. Cet homme et cette femme avaient des enfants. Malheureusement, un jour les enfants sont tombés malades, et les parents ont fait le même rêve. Dans ce rêve ils ont appris: «Il faut que l'un de vous donne son sang aux enfants, ou ils mourront.»

La mère avait peur de la douleur et ne voulait pas souffrir, alors elle a refusé. L'homme, au contraire, a dit: «Laisse-moi donner mon sang, à condition que, dans l'avenir, je sois le maître des enfants, et que parmi mes descendants les hommes restent également les maîtres.»

La femme a consenti et les enfants ont retrouvé leur santé par le sang de leur père. Voilà pourquoi l'homme a plus d'autorité sur les enfants que la femme.

DICTÉE

UNE DEMOISELLE CURIEUSE   CD4, track 12

Il était une fois une belle demoiselle qui ne s'intéressait qu'aux vampires. Elle lisait tous les romans et allait voir tous les films sur ce sujet. Les fantômes, les spectres, les loups-garous l'ennuyaient. Mais un jour, quand un de ses copains de lycée lui a dit qu'il était un vampire, elle n'a pas su quoi dire. Elle était amoureuse de lui, mais devait-elle le croire? Elle s'est dit « Il faut que je sache la vérité ».

Chapitre 8

PHONÉTIQUE

A. Nasal vowels, PART 3   CD4, track 13

In Chapter 2 **Phonétique,** you reviewed the nasal vowel sounds heard in the descriptive adjectives **mince, grand,** and **rond,** and in Chapter 4 **Phonétique,** you practiced nasal vowel sounds found in certain vocabulary words of that chapter.

Remember that if a vowel is followed in the same syllable by a single **m** or **n,** it is nasalized. To nasalize a vowel, you pronounce it by releasing air through both your mouth and your nose.

In **Structures** of this chapter, you are studying some irregular verbs and adverb forms that contain nasal vowel sounds, so now is a good time for additional practice of the nasal vowels in French.

The first nasal vowel sound you will practice is [ɛ̃], represented by this symbol in the International Phonetic Alphabet. This nasal vowel sound is the correct pronunciation of the following vowel and consonant combinations:

-in	-ain
-yn	-aim
-im	-oin
-ym	-ein
-ien	-eim
-yen	-éen

Exercise A-1

[ɛ̃] is the nasal sound you hear in the following words from this chapter vocabulary and **Structures.** The vowel and consonant combinations that produce this nasal sound are underlined.

◆ Repeat each word after you hear it.

1. v<u>ien</u>t
2. b<u>ien</u>
3. cop<u>ain</u>
4. m<u>oin</u>s
5. sout<u>iens</u>

Exercise A-2   CD4, track 14

[ɛ̃] is also the nasal vowel sound found in the following proper names.

◆ Repeat each name after you hear it.

1. Mart<u>in</u>
2. Al<u>ain</u>
3. Luc<u>ien</u>
4. Berl<u>in</u>
5. R<u>eim</u>s

Exercise A-3 CD4, track 15

[ɛ̃] is also the nasal vowel sound found in the following words that you might use or hear frequently.

◆ Repeat each word after you hear it.

1. r<u>ien</u>
2. comb<u>ien</u>
3. lyc<u>éen</u>
4. v<u>in</u>
5. p<u>ain</u>

CD4, track 16

The second nasal vowel sound you will practice is [ɑ̃], represented by this symbol in the International Phonetic Alphabet. This nasal vowel sound is the correct pronunciation of the following vowel and consonant combinations:

-en	-am
-em	-aen
-an	

Exercise A-4

[ɑ̃] is the nasal sound you hear in the following words from this chapter vocabulary and **Structures.** The vowel and consonant combinations that produce this nasal sound are underlined.

◆ Repeat each word after you hear it.

1. poli<u>men</u>t
2. souv<u>en</u>t
3. par<u>en</u>ts
4. enf<u>an</u>t
5. constamm<u>en</u>t

Exercise A-5 CD4, track 17

[ɑ̃] is the same nasal sound found in the following proper names.

◆ Repeat each name after you hear it.

1. J<u>ean</u>
2. Christi<u>an</u>
3. Ad<u>am</u>
4. C<u>aen</u>
5. Rol<u>and</u>

Exercise A-6 CD4, track 18

[ɑ̃] is also the nasal vowel sound found in the following words that you might use or hear frequently.

◆ Repeat each word after you hear it.

1. compr<u>en</u>d
2. gr<u>and</u>
3. cont<u>en</u>t
4. qu<u>and</u>
5. t<u>em</u>ps

CD4, track 19

The third nasal vowel sound you will practice is [ɔ̃], represented by this symbol in the International Phonetic Alphabet. This nasal vowel sound is the correct pronunciation of the following vowel and consonant combinations:

-on
-om

Exercise A-7

[ɔ̃] is the nasal sound you hear in the following words from this chapter vocabulary and **Structures.** The vowel and consonant combinations that produce this nasal sound are underlined.

◆ Repeat each word after you hear it.

1. concubinage
2. gronder
3. confiance
4. location
5. gazon
6. tromper

Exercise A-8   CD4, track 20

[ɔ̃] is the same nasal sound found in the following proper names.

◆ Repeat each name after you hear it.

1. Simon
2. Gaston
3. Raymond
4. Lyon
5. Chinon

Exercise A-9   CD4, track 21

[ɔ̃] is also the nasal vowel sound found in the following words that you might use or hear frequently.

◆ Repeat each word after you hear it.

1. raison
2. question
3. nom
4. non
5. bon

Exercise A-10   CD4, track 22

Now you will hear ten sentences.

◆ Listen carefully as each sentence is read.
◆ Circle each nasal vowel you hear.
◆ Indicate, by putting a number in the appropriate box(es), how many times you hear each of these nasal vowels.
◆ Compare your answers to the ones you hear.
◆ Repeat each sentence after you hear it a second time.

1. Les enfants se disputent violemment avec leurs parents. // [ɛ̃]: zéro / [ɑ̃]: quatre / [ɔ̃]: zéro // Les enfants se disputent violemment avec leurs parents.
2. De temps en temps, Jean devient mécontent. // [ɛ̃]: une / [ɑ̃]: cinq / [ɔ̃]: une // De temps en temps Jean devient mécontent.
3. Alain vient souvent avec son copain Roland. // [ɛ̃]: trois / [ɑ̃]: deux / [ɔ̃]: une // Alain vient souvent avec son copain Roland.
4. Martin a raison de poser poliment sa question. // [ɛ̃]: une / [ɑ̃]: une / [ɔ̃]: deux // Martin a raison de poser poliment sa question.
5. Heureusement on a acheté du pain et du vin. / [ɛ̃]: deux / [ɑ̃]: une / [ɔ̃]: une // Heureusement on a acheté du pain et du vin.
6. Lucien va gronder Vincent parce qu'il n'a pas tondu le gazon. // [ɛ̃]: deux / [ɑ̃]: une / [ɔ̃]: trois // Lucien va gronder Vincent parce qu'il n'a pas tondu le gazon.
7. Non, son nom n'est pas Gaston. // [ɛ̃]: zéro / [ɑ̃]: zéro / [ɔ̃]: quatre // Non, son nom n'est pas Gaston.

8. La solution est simple: on prend le train. // [ɛ̃]: deux / [ã]: une / [ɔ̃]: deux // La solution est simple: on prend le train.

9. Allons, rentrons, il fait trop de vent! // [ɛ̃]: zéro / [ã]: deux / [ɔ̃]: deux // Allons, rentrons, il fait trop de vent!

10. Comment vont tes parents? Les miens vont bien. // [ɛ̃]: deux / [ã]: deux / [ɔ̃]: deux // Comment vont tes parents? Les miens vont bien.

B. The vowel sounds [ø] and [œ]   CD4, track 23

When the letters **e** and **u** appear together in a French word, English speakers are often not sure how to pronounce this vowel combination. There are actually two possible pronunciations and neither of them exists in English.

-eu in French spelling can be pronounced as:

• the vowel sound in the *adverb* **mieux**. The vowel sound in **mieux** is [ø] because **e** and **u** are the last letters pronounced in the word; the final consonant **x** is not pronounced.

• the second vowel sound in the *adjective* **meilleur**. The vowel sound in **meilleur** is [œ] because **eu** is followed by a consonant in the same syllable and is pronounced. This pronounced consonant is **r**.

When you pronounce these two words correctly, you will notice that your mouth is open wider for the adjective **meilleur** than for the adverb **mieux**.

Exercise B-1

The vowel sound [ø] in the adverb **mieux** is also found in the five words below. The consonants that are *not* pronounced are underlined.

◆ Repeat each word after you hear it.

1. peu
2. bleu
3. vieux
4. cheveux
5. œufs

Exercise B-2   CD4, track 24

The vowel sound [œ] in the adjective **meilleur** is also found in the five words below. The consonants that follow **eu** in the same syllable that *are* pronounced are underlined.

◆ Repeat each word after you hear it.

1. leur
2. seul
3. heure
4. peur
5. œuf

Exercise B-3   CD4, track 25

Now you will hear five sentences that contain words taken from both the vocabulary list and the **Structures** of this chapter.

◆ Listen carefully as each sentence is read.
◆ Circle each **eu** combination you see and hear in each sentence.
◆ Indicate, by putting a number in the appropriate box(es), how many times the sounds [ø] and [œ] occur in each sentence.
◆ Compare your answer to the one you hear.
◆ Repeat each sentence after you hear it a second time.

1. Ma sœur m'en veut. // ø: une / veut // oe: une / soeur // Ma soeur m'en veut.
2. Les enfants pleurent quand il pleut. // ø: une / pleut // oe: une / pleurent // Les enfants pleurent quand il pleut.
3. On s'engueule souvent dans cette famille nombreuse. // ø: une / nombreuse // oe: une / s'engueule // On s'engueule souvent dans cette famille nombreuse.

4. Elle ne passe pas l'aspirateur parce qu'elle est de mauvaise humeur. // ø: zéro // oe: deux / aspirateur, humeur // Elle ne passe pas l'aspirateur parce qu'elle est de mauvaise humeur.

5. Les meilleurs parents comprennent le mieux leurs enfants. // ø: une / mieux // oe: deux / meilleurs, leurs // Les meilleurs parents comprennent le mieux leurs enfants.

C. Additional vowel sounds in French   CD4, track 26

The first vowel sound you will practice in this section is [i]. This sound is represented in written French by the letters **i, î,** and **y.** To pronounce [i] accurately, simply open your mouth a tiny bit, shape your lips into a tense smile, and don't change the position of your mouth or tongue while producing the sound.

Exercise C-1

◆ Listen carefully to the pronunciation of the five words below.
◆ Repeat each word, imitating as closely as possible the vowel sound [i]. This is the correct pronunciation of the underlined letters.

1. célibataire
2. fils
3. ami
4. équitable
5. sympathique

CD4, track 27

The second vowel sound you will practice in this section is [y]. This sound is represented in written French as **u, û,** and **eu.**

[y] is sometimes more difficult for English speakers to pronounce correctly because they associate it with the English *u*, heard in the words *university* and *union,* for example.

To practice the correct pronunciation of the vowel sound [y] in French, put your mouth in a tense smile, then round your lips, keeping the tip of the tongue against the lower front teeth. Be careful not to let your tongue fall too low in your mouth, because that will produce the sound [u] (as in **tout**) instead of [y] (as in **tu**). Don't change the position of your mouth or tongue while producing the sound.

Exercise C-2

◆ Listen carefully to the pronunciation of the five words below taken from the vocabulary and **Structures** of this chapter.
◆ Repeat each word, imitating as closely as possible the vowel sound [y]. This is the correct pronunciation of the underlined letters.

1. plus
2. soutenu
3. unique
4. union
5. disputer

CD4, track 28

The third vowel sound you will practice in this section is [u]. You have already worked with the vowel sound [u] in Chapter 4. Remember that this sound is represented in written French as **ou, où,** or **oû.**

Exercise C-3

◆ Listen carefully to the pronunciation of the following words below taken from the vocabulary and **Structures** of this chapter.
◆ Repeat each word, imitating as closely as possible the vowel sound [u]. This is the correct pronunciation of the underlined letters.

1. s<u>ou</u>tenir
2. s<u>ou</u>vent
3. p<u>ou</u>belles
4. beauc<u>ou</u>p
5. part<u>ou</u>t

Exercise C-4   CD4, track 29

Now you will hear five sentences that contain words taken from both the vocabulary and the **Structures** of this chapter.

◆ Listen carefully as each sentence is read.
◆ Circle each syllable you hear that contains the vowel sounds [i], [y], or [u].
◆ Indicate, by putting a number in the appropriate box(es), how many times each vowel sound occurs.
◆ Compare your answer to the one you hear.
◆ Repeat each sentence after you hear it a second time.

1. Son fils est l'enfant unique le plus sympathique que je connaisse. // [i]: trois / fils, unique, sympathique // [y]: deux / unique, plus // [u]: zéro // Son fils est l'enfant unique le plus sympathique que je connaisse.
2. Ce père célibataire est soutenu par tous ses amis. // [i]: deux / célibataire, amis // [y]: une / soutenu // [u]: deux / soutenu, tous // Ce père célibataire est soutenu par tous ses amis.
3. Beaucoup de gens se disputent au sujet de l'union libre. // [i]: deux / disputent, libre // [y]: trois / disputent, sujet, union // [u]: une / beaucoup // Beaucoup de gens se disputent au sujet de l'union libre.
4. Souvent les hommes doivent s'habituer à s'occuper des enfants. // [i]: une / s'habituer // [y]: une / s'occuper // [u]: une / souvent // Souvent les hommes doivent s'habituer à s'occuper des enfants.
5. Ils essaient toujours de trouver une solution équitable. // [i]: deux / ils, équitable // [y]: deux / une, solution // [u]: trois / toujours (deux fois), trouver // Ils essaient toujours de trouver une solution équitable.

COMPRÉHENSION

UNE FAMILLE RECOMPOSÉE   CD4, track 30

Il y a 3 ans, j'ai rencontré un homme sur Internet. Il vivait en région parisienne et moi à Marseille. Il était en instance de divorce et père de trois enfants, moi, je vivais dans un studio et j'étais célibataire, jamais mariée, pas d'enfant. Pendant un an, nous avons continué de vivre chacun de son côté, moi à Marseille, lui Paris, puis j'ai déménagé et on s'est installés ensemble.

Avec ses enfants, le contact a été excellent dès le début. Le garçon a 10 ans, les filles 6 et 4 ans. On s'entend très bien, et j'ai une relation privilégiée avec la petite dernière. Nous avons les enfants un week-end sur deux et la moitié des vacances. Cela n'a pas été évident pour moi de passer de la vie de célibataire à la vie de famille, mais on s'y fait. Le plus difficile, ce sont les relations de mon compagnon avec son ex-femme, qui peut faire des crises pour n'importe quoi.

Aujourd'hui, je voudrais des enfants à moi, mais mon ami n'en a pas vraiment le désir. Il l'acceptera si notre situation financière se stabilise. Même s'il ne le fait pas par désir profond, ce que j'aurais souhaité…, il le fait par amour pour moi, et c'est déjà pas mal! Et je sais qu'il aimera ses futurs enfants comme ceux qu'il a déjà.

DICTÉE

LA COLOCATION   CD4, track 31

On habite à quatre dans un grand appartement. La règle est simple, celui qui part doit trouver un remplaçant. C'est ma troisième expérience de colocation et j'ai toujours trouvé mes colocs par internet. Pour être honnête, la seule chose qui me pousse à faire de la colocation, c'est l'aspect financier. Je continuerai jusqu'à ce que j'aie assez d'argent pour vivre seul. Tu n'es quand même pas aussi libre en colocation; impossible, par exemple, de se balader tout nu chez soi…

Chapitre 9

PHONÉTIQUE

A. What's an "s"? CD4, track 32

As you have no doubt noticed, there are French words in which the consonant **s** is not pronounced as "**s**"; there are also words in which a combination of a vowel and a consonant is pronounced as if the letter **s** were part of the spelling when it isn't. How can you tell when to pronounce a letter or a group of letters as an **s**, and when not to?

Exercise A-1

You will now hear some of the basic rules for the pronunciation of this sound, and some examples for each rule.

◆ Repeat each example in French that you hear.

1. Pronounce as "**s**":
   * the letter **s** that begins a word

     ses
   * the double **s**

     au**ss**i
   * the letter **s** that follows a nasal vowel

     ch**ans**on
   * the letter **s** followed by a consonant that is pronounced

     acou**st**ique
   * the letters **sc** when followed by **i** or **e**

     science   **sc**ène
   * the letter **c** when followed by **i** or **e**

     cinéma   **c**ent
   * the letter **ç**

     ça   fa**ç**on   re**ç**u
   * the second **c** in the double consonant **cc**

     ac**c**ident
   * the letter **t** followed by **i** when the French word has an English cognate with the same -**s** sound

     démocra**ti**e *(democracy)*
     aristocra**ti**e *(aristocracy)*
   * the letter **t** followed by **ion** in all French words except when the **t** is preceded by the letter -**s**

     na**tion**
     op**tion**
     but: que**st**ion

2. Pronounce as "**z**" the letter **s** when it is the single consonant between two vowels.

   civili**s**ation

3. When **s** is the final letter of a word, it is usually not pronounced.

   ami**s̷**
   dan**s̷**
   fille**s̷**

However, the final **s** *is* pronounced in some words that you might see or hear frequently in French, including proper names and words that come from other languages.

fil<u>s</u>
tenni<u>s</u>
autobu<u>s</u>
Texa<u>s</u>
Tuni<u>s</u>

Exercise A-2

The fifteen following words are taken from the vocabulary and reading of this chapter.

◆ Listen to the word;
◆ Indicate, by checking the appropriate box, whether the pronunciation of the word contains the sound **s** or **z,** or whether the consonant **s** is silent.
◆ Compare your answer to the one you hear.
◆ Repeat each word when you hear it a second time.

1. nation / s / nation
2. délocaliser / z / délocaliser
3. citoyen / s / citoyen
4. gaspiller / s / gaspiller
5. organisation / z / organisation
6. asile / z / asile
7. pays / silent / pays
8. glacier / s / glacier
9. cieux / s / cieux
10. tiers / silent / tiers
11. pollution / s / pollution
12. solaire / s / solaire
13. centrale / s / centrale
14. usine / z / usine
15. bousiller / z / bousiller

B. Jouons un peu!   CD4, track 34

Do you like playing with words? Are you good at tongue twisters? If you work to master the following tongue twisters in French, you will be well on your way to perfecting your pronunciation of many of the sounds you have practiced in the lab materials for *Sur le vif.*

Exercise B-1

◆ Repeat each tongue twister after you hear it.
◆ Check the translation for comprehension.
◆ Repeat the tongue twister again after you hear it a second time.

1. The semi-vowel [w]

   Il était une fois une marchande de foie qui vendait du foie dans la ville de Foix.
   Once upon a time there was a liver merchant who sold liver in the town of Foix.

2. The sound **s**

   Si six scies scient six cyprès, six cents scies scient six cents cyprès.
   If six saws saw six cypress trees, six hundred saws saw six hundred cypress trees.

3. Silent endings

   Les vers verts levèrent le verre vert vers le ver vert.
   The green worms raised the green glass in the direction of the green worm.

4. The vowel sound [y]

As-tu vu le tutu de tulle de Lili d'Honolulu?
Have you seen the tulle tutu of Lili from Honolulu?

5. The nasal vowel [ɑ̃]

Dans ta tente ta tante t'attend.
In your tent your aunt is waiting for you.

6. The nasal vowel [ɔ̃]

Ecartons ton carton car ton carton nous gêne.
Let's move your box, because your box is bothering us.

7. The sound **r**

Trois gros rats gris dans trois gros trous ronds rongent trois gros croûtons ronds.
Three big gray rats in three big round holes gnaw three big round croutons.

8. The sound **s,** nasal vowels, and silent endings

Si ces six cent six sangsues sont sur son sein sans sucer son sang, ces six cent six sangsues sont sans succès.
If these 606 leeches are on his breast without sucking his blood, these 606 leeches are not successful.

COMPRÉHENSION

NETTOYER LA PLAGE   CD4, track 35

Sous un soleil presque estival, une brigade d'enfants s'active pour nettoyer la plage de Biarritz, avec l'ancien footballeur Bixente Lizarazu comme chef d'équipe. C'est la dernière initiative de l'ONG Surfrider, luttant pour protéger les océans depuis 17 ans.

« Quand vous serez grands, c'est vous qui serez les chefs, donc c'est vous qui déciderez de ne pas jeter ces déchets » , leur a dit l'ex-champion du monde, « L'important, c'est de ne pas les jeter et de les recycler » , a insisté le sportif, parrain de ces campagnes de nettoyage qui profiteront cette année à quelque 900 plages du monde, y compris à Dubai ou en Mauritanie, jusqu'au 25 mars.

Sacs en plastique, lunettes, bois, pinces à linge, pansements: les enfants font une cueillette fructueuse.

Selon l'ONG, chaque seconde, 206 kilos de déchets dont une majorité n'est pas biodégradables sont déversés dans les océans. Les campagnes de nettoyage de Surfrider, "Initiatives océanes", ont pour but de sensibiliser à cette problématique, en amenant des volontaires à nettoyer là où ils le peuvent et à recycler.

« Tout est question d'éducation » , explique Gilles Asenjo, le président de l'ONG: « La plupart de ces déchets ne se dégraderont jamais et seulement une partie d'entre eux pourra être retirée du milieu. Or 100% de ces déchets sont d'origine humaine » .

DICTÉE

QU'EST-CE QU'UN LOCAVORE?   CD4, track 36

Etre locavore c'est consommer exclusivement des aliments qui viennent de 200 kilomètres autour de chez soi pour réduire son empreinte carbone et encourager les petits producteurs. On peut se reconnecter avec les saisons, redécouvrir sa région, soutenir les petites fermes, et investir dans l'économie locale. Si on prépare ses propres repas d'aliments de la région, on aura aussi une alimentation saine.